François Fontaine
Christian Lamblin

Activités d'expression et de communication

oral - écrit

cycle 3 - 6ème

RETZ
1, RUE DU DÉPART
75014 PARIS

Sommaire

PREMIÈRE PARTIE

DÉCRIRE ET IDENTIFIER

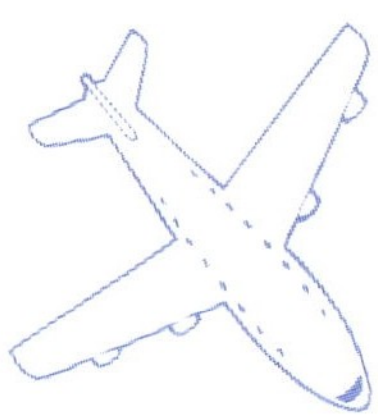

DEUXIÈME PARTIE

EXPLIQUER ET COMPRENDRE

TROISIÈME PARTIE

RACONTER ET DÉCOUVRIR

Introduction

Les enseignants que nous sommes sont quotidiennement confrontés à des problèmes de communication, qu'il s'agisse de lecture de consignes, d'expression orale ou de production d'écrits.

Ceux-ci sont généralement dus à un usage encore balbutiant de notre langue.

Les techniques ne manquent pas pour développer la maîtrise de la langue, qui constitue l'une des priorités de l'enseignement à l'école primaire. Toutes prennent en compte sa finalité essentielle : être un outil de communication à l'usage de tous.

Si la pédagogie est avant tout l'art de transmettre, il nous appartient d'entraîner les enfants à maîtriser au mieux les mécanismes de la communication.

Nous nous sommes donc efforcés de rassembler dans ce recueil un ensemble d'activités de communication directement applicables en classe. Celles-ci s'appuient sur nos expériences d'enseignants et sont, pour la plupart, le développement d'exercices originaux à partir de thèmes présents dans bien des manuels (utilisation d'itinéraires, d'images, de textes, etc.). Nous proposons une série de mode d'emplois inédits, permettant de tirer le meilleur parti des documents présentés en fonction de notre objectif premier : la communication.

- Qu'entendons-nous par « communication » ?

Nous considèrerons comme acte de communication toute transmission (sonore ou visuelle) d'un message entre un personnage émetteur et un personnage récepteur.

Un émetteur peut donc, selon cette définition, montrer, dire ou écrire quelque chose.

Un récepteur peut, à l'inverse, regarder, écouter ou lire ce qui lui est adressé.

Partant du principe que l'on communique toujours avec quelqu'un (à quoi bon émettre si personne ne reçoit) nous avons conçu nos activités pour stimuler et concrétiser les relations entre l'émetteur et le récepteur à partir de situations pratiques ou ludiques.

■ L'émetteur doit par exemple :
- concevoir un message dans un but précis (décrire, expliquer, raconter) ;
- transmettre ce message (oralement ou par écrit) au récepteur ;
- vérifier l'efficacité de son message en fonction du signal retour apporté par l'émetteur.

■ Le récepteur doit à son tour :
- recevoir et interpréter le message ;
- réagir en fonction de son contenu (identifier, comprendre, découvrir) ;
- donner un signal retour concret permettant à l'émetteur de vérifier objectivement la validité de son message.

En cas de communication insatisfaisante, une confrontation émetteur-récepteur permettra de déterminer la source de l'erreur. Celle-ci peut aussi bien trouver son origine dans la rédaction du message que dans sa lecture.

L'émetteur, comme le récepteur, pourront, selon les activités proposées, prendre la forme d'un groupe ou d'un individu.

Nous avons choisi de privilégier trois objectifs de communication qui constituent chacun l'objet d'un chapitre de cet ouvrage :

1. Décrire pour permettre d'identifier.
2. Expliquer pour permettre de comprendre.
3. Raconter pour permettre de découvrir.

Chacune de ces parties offre un large éventail d'activités présentées avec :
- une liste d'objectifs pédagogiques spécifiques ;
- une indication du nombre de séances recommandées ;
- un déroulement complet et détaillé ;
- tous les documents (plans, dessins, feuilles de travail, etc.) nécessaires à la conduite de chaque séance. Le format de cet ouvrage permet de reproduire deux documents sur une même feuille de format A4 (avec un minimum de manipulation).

■ Chacune des activités proposées peut donner lieu à une évaluation objective du travail effectué. Cette évaluation est faite conjointement par l'émetteur et le récepteur selon un critère très simple : la communication a permis d'atteindre l'objectif

visé ou non.
En cas d'erreur, la critique sera d'autant mieux accueillie et plus profitable qu'elle sera formulée par un camarade et non par l'enseignant. Ceci vaut pour les remarques de tout ordre (lisibilité de l'écriture, par exemple. On ne s'applique pas parce qu'il faut bien écrire mais parce qu'une écriture illisible nuit à la communication).
Cette confrontation émetteur-récepteur permet non seulement de déterminer objectivement l'origine des erreurs mais également d'y remédier par la mise en forme d'un message « idéal » commun.

Si l'enseignant n'intervient pas directement sur la qualité des messages produits, il en prend régulièrement connaissance pour évaluer le niveau de ses élèves en ce qui concerne :
- leur efficacité : l'enseignant s'assurera alors que les confrontations émetteur-récepteur permettent d'améliorer sensiblement le contenu des messages ;
- leur qualité : il proposera parallèlement des activités de remédiation ciblées sur les insuffisances (orthographe lexicale ou grammaticale) mises en évidence.

Nous espérons que l'organisation de ces activités pourra vous apporter autant de satisfaction que nous en avons éprouvé nous-mêmes en les conduisant dans nos classes. Et si, d'aventure, le déroulement d'un de ces exercices venait à provoquer le rire de vos élèves, nous faisons des vœux pour que celui-ci soit… communicatif !

Les auteurs

PREMIÈRE PARTIE

Décrire et identifier

CHAPITRE 1

DÉCRIRE ET IDENTIFIER

DES COMPOSITIONS GÉOMÉTRIQUES

OBJECTIFS PÉDAGOGIQUES

Entraîner les élèves à :

- décrire avec précision un ensemble de formes géométriques plus ou moins complexes ;
- lire la description d'une composition géométrique pour parvenir à l'identifier et à la reproduire avec fidélité ;
- identifier objectivement les erreurs ayant entraîné une mauvaise interprétation du message (erreurs d'observation, de rédaction ou de lecture).
- élaborer et utiliser une grille de relecture en fonction d'objectifs d'écriture précis.

1 Exercice collectif de présentation

Vous avez préparé ce dessin-modèle (comportant trois éléments : point, triangle et carré).

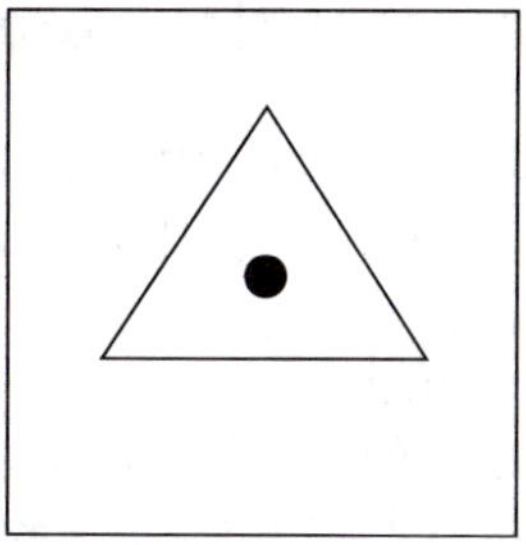

Ce dessin ne doit pas être vu des élèves.

- Vous demandez à un volontaire de venir au tableau et vous lui montrez le dessin.
- Cet élève rédige au tableau une description du dessin-modèle. Vous n'intervenez pas. Attendez-vous à quelques surprises lors de la première séance.
- Les élèves réalisent un dessin correspondant à la description du rédacteur.
- Lorsque tous les dessins sont terminés, vous dévoilez le dessin-modèle.

À ce stade, deux situations peuvent se présenter :

Tous les dessins correspondent au modèle. (Bravo !) Il ne reste plus qu'à :

- corriger les fautes (orthographe ou grammaire) de la description proposée et l'améliorer si besoin est ;
- rechercher les différentes descriptions qui auraient permis d'obtenir le même résultat (voir *RP 2*) ;
- passer à la deuxième partie de l'activité.

Certains dessins ne correspondent pas au modèle. D'où vient l'erreur ? Du rédacteur ou de certains lecteurs ? Pour s'en assurer, il faut :

- demander à un élève de faire le dessin au tableau en se conformant précisément à la description ;
- commenter collectivement texte et dessin en évoquant les différentes interprétations possibles ;
- rechercher les différentes informations indispensables à la reproduction du dessin et les inclure dans une description qui sera rédigée collectivement.

Vous pourrez répéter l'exercice sur plusieurs séances en variant rédacteur et modèle jusqu'à la réussite de l'ensemble de la classe, puis passer à la deuxième partie de l'activité.

2 Travail à deux à partir de compositions proposées

Doc 1, p. 15

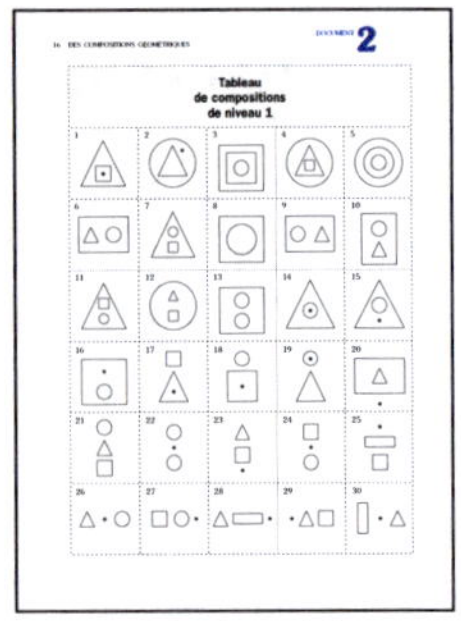

Doc 2, p. 16

Travail écrit individuel

Vous distribuez à chaque élève :
- le document 1,
- le document 2.

Chaque élève choisit une composition parmi celles proposées sur le tableau. Il en note avec soin le numéro (sur son cahier de brouillon par exemple). Il en rédige la description sur la « Feuille de rédaction », sans oublier de remplir les rubriques « Nom du rédacteur » et « Date ».

Lorsque tous les élèves ont terminé leur texte, vous ramassez les feuilles.

La suite de l'exercice se fera plus tard. Vous profitez de ce délai pour :
- lire les feuilles et repérer (sans les corriger) les fautes qui reviennent le plus souvent. Ce travail vous permettra de sélectionner un certain nombre de mots ou de structures types qui pourront faire l'objet, par la suite, d'une séance de grammaire ou d'orthographe (voir *RP 3*) ;
- former des binômes en associant les feuilles deux à deux (voir *RP 5*).

Exploitation des textes produits

Vous distribuez à chaque élève la feuille de rédaction de son correspondant.

Celui-ci, après avoir écrit son nom dans la rubrique « Nom du lecteur », a charge d'identifier la composition choisie en fonction de la description qu'il a sous les yeux.

S'il identifie la composition, il en indique le numéro dans la case prévue à cet effet.

S'il ne parvient pas à l'identifier, il en indique les raisons dans l'espace prévu à cet effet (description illisible, correspondant à plusieurs dessins ou à aucun, etc.).

Lorsque chaque élève a répondu, vous ramassez les feuilles et vous les rendez aux auteurs des descriptions. Ceux-ci vérifient alors si le numéro indiqué sur la feuille correspond à celui qu'ils ont noté.

Vous effectuez un relevé des réponses correctes puis des « échecs » (voir *RP 4*).

Remédiation

Il s'agit maintenant de déterminer les causes de ces «échecs». Suivant vos pratiques de classe, vous pourrez :

- organiser une confrontation rédacteur/lecteur : relecture commune de la description, identification des raisons de ces «échecs» (rédaction et/ou lecture), amélioration du texte si besoin est (voir *RP 6*);
- faire lire à haute voix une description et réaliser vous-même au tableau le dessin (en profitant volontairement du manque de telle ou telle information pour réaliser un dessin ne correspondant pas au modèle). Ce dessin correspond-il au modèle choisi? Quelles informations manquent à la description?
- recopier au tableau une description particulièrement insuffisante. Faire la liste des informations manquantes, puis récrire collectivement la description en l'enrichissant de ces informations.

En vue d'améliorer les descriptions futures, on pourra élaborer collectivement une grille de relecture. Celle-ci doit prendre en compte les différents critères nécessaires à la réussite de l'exercice. Ces critères seront plus ou moins nombreux suivant le niveau de la classe.

Exemple de grille de relecture

(à remplir après la rédaction de chaque description, en vue de l'améliorer.)

Dans ma description, j'ai précisé :

- le nombre d'éléments	☐ oui ☐ non
- le nom de chaque élément	☐ oui ☐ non
- l'emplacement de chaque élément	☐ oui ☐ non

Répétez l'opération sur plusieurs séances jusqu'à l'obtention d'un taux de réussite satisfaisant. Ce travail pourra être effectué à partir du même tableau de compositions puis d'un tableau de niveau supérieur (documents 3 et 4).

Vous pouvez ensuite passer à la troisième partie de cette activité.

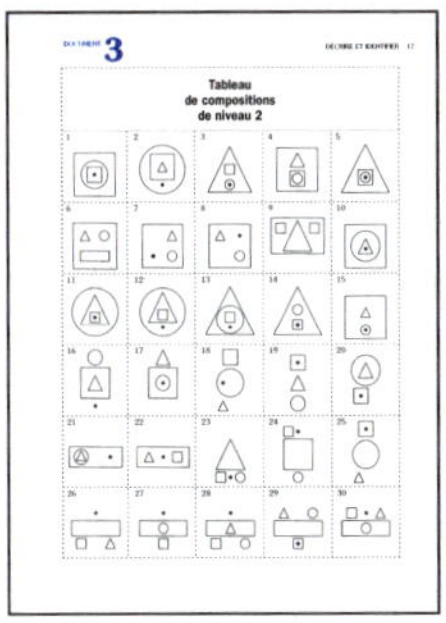

Doc 3, p. 17

Doc 4, p. 18

3 Travail à deux à partir de compositions personnelles

▸ *Rédaction des descriptions*

Avant la séance, vous reproduisez pour chaque élève le document 5 et le document 6.

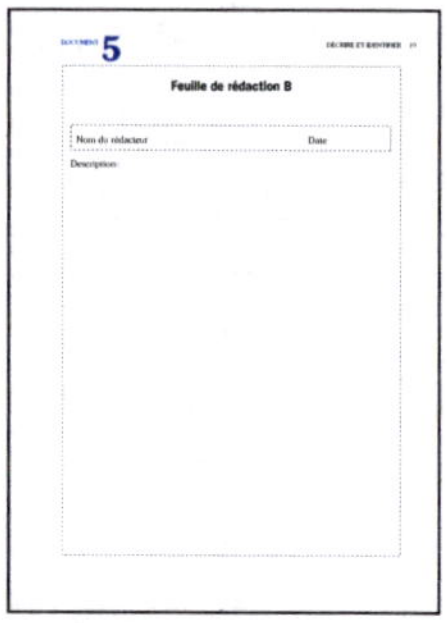

Doc 5, p. 19

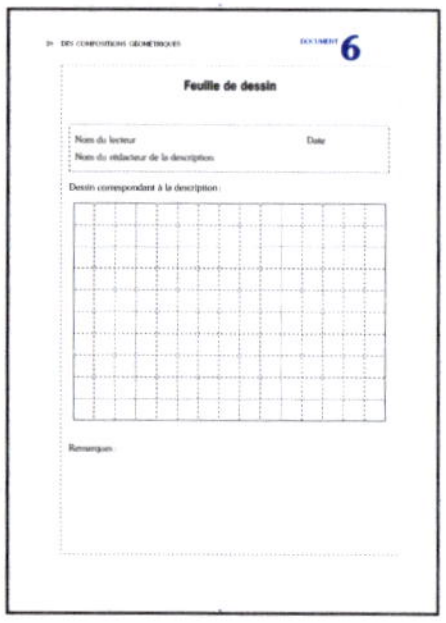

Doc 6, p. 20

Création du modèle
Vous demandez à chaque élève de tracer, sur son cahier, un cadre rectangulaire horizontal (10 carreaux sur 15).
Dans ce cadre, l'élève réalise son dessin-modèle (composition géométrique de trois éléments qu'il organise librement).

Rédaction de la description
Vous distribuez le document 5. Chaque élève doit y décrire son dessin-modèle dans le but d'en permettre la reproduction.
On pourra, à cette occasion, reprendre la grille de relecture élaborée précédemment et y ajouter de nouveaux critères (taille de chaque élément, couleur...). Cette grille doit permettre aux rédacteurs d'améliorer la précision de leurs descriptions.
Lorsque ce travail est réalisé, vous ramassez les feuilles de rédaction. Chaque élève conserve son modèle.

▸ *Exploitation des descriptions*

Vous distribuez à chaque élève :
- une feuille de rédaction qui n'est pas la sienne (voir *RP 5*) ;
- une « Feuille de dessin » (document 6).

Sur la « Feuille de dessin », l'élève indique :
- son nom dans la rubrique « Nom du dessinateur » ;
- le nom du rédacteur de la description dans la rubrique prévue à cet effet.

Il lit ensuite la description et réalise le dessin correspondant dans le cadre. Il peut, s'il le désire, apporter quelques remarques personnelles dans la rubrique « Remarques ». Ces remarques porteront sur la clarté de la description, la lisibilité de l'écriture, etc.
Lorsque les dessins sont terminés, vous ramassez les feuilles de dessin et les feuilles de rédaction. Vous les rendez ensuite aux auteurs des descriptions.

▸ *Contrôle de conformité et remédiation*

Les rédacteurs vérifient alors si le dessin figurant sur la feuille correspond au modèle qu'ils ont conservé.

On pourra alors élaborer une grille de contrôle destinée à :

- pointer plus ou moins rigoureusement les différences entre modèle et dessin ;
- rechercher, à l'aide du texte de la description, les causes de ces différences (rédaction ou lecture du texte).

Bien sûr, on sera plus ou moins exigeant suivant le niveau des élèves. Une reproduction très fidèle nécessite une description précise et détaillée (donc longue) que l'on pourra entreprendre à partir du CM.

Exemple de grille de contrôle

	Oui	Non	Si réponse « non », erreur de :	
			Rédaction	Lecture
Tous les éléments de mon modèle sont présents sur le dessin				
Ils sont correctement placés dans le cadre				
Ils ont les bonnes dimensions				

Vous effectuez ensuite un relevé des reproductions correctes puis des « échecs » (voir *RP 4*).

Les « échecs » ayant pour origine supposée une « mauvaise » lecture pourront donner lieu à une confrontation rédacteur/lecteur (voir *RP 6*) ou à une séance collective de contrôle du texte concerné.

Répétez l'opération sur plusieurs séances jusqu'à l'obtention d'un taux de réussite satisfaisant.

Prolongements

Vous pouvez ensuite accroître le degré de difficulté de cette activité pour la poursuivre, si vous le désirez.

Par exemple vous pouvez :

- augmenter le nombre des éléments (en restant, bien sûr, dans les limites du raisonnable !) ;
- étendre l'éventail des éléments en y introduisant des formes féminines (étoile, flèche, etc.) qui imposeront aux enfants le respect

des accords masculin/féminin, dans l'usage des adjectifs et de la forme passive ;
- introduire progressivement l'usage de la couleur pour un ou plusieurs éléments ;
- être plus rigoureux sur la concordance modèle/dessin (utilisation de mesures, de repères… lors de la rédaction de la description, et respect de ces indications lors de la reproduction).

Les parties 2 et 3 de cette activité peuvent également être réalisées oralement.
Idéalement, on utilisera un magnétophone pour enregistrer les descriptions et les ré-écouter au besoin lors de la confrontation.
- Pour la partie 2, un seul élève choisit une composition et la décrit oralement à la classe. Les élèves risquant d'être submergés par un flot d'informations, on pourra introduire un système de prise de notes afin de faciliter l'exercice. La confrontation se fait ensuite entre l'élève et la classe.
- Pour la partie 3, un seul élève dessine un modèle qu'il décrit à la classe. Les enfants reproduisent le dessin en fonction de cette description.

L'élève reproduit ensuite son modèle au tableau. Il comptabilise les « réussites » et les « échecs ». La confrontation se fait collectivement entre la classe et l'élève, avec recours éventuel à l'enregistrement témoin.

Feuille de rédaction B

Nom du rédacteur .... Date ....

Description :

....

....

....

....

....

....

....

....

....

....

....

....

....

....

Feuille de dessin

Nom du lecteur .... Date ....

Nom du rédacteur de la description ....

Dessin correspondant à la description :

Remarques :

....

....

....

CHAPITRE 2

DÉCRIRE ET IDENTIFIER

DES OBJETS ET DES ANIMAUX

OBJECTIFS PÉDAGOGIQUES

Entraîner les élèves à :

- décrire avec précision un objet ou un animal ;
- utiliser dans certains cas la définition (de type mots croisés) comme technique descriptive ;
- construire et rédiger des phrases de plus en plus complexes en respectant les règles de l'oral ou de l'écrit ;
- lire les descriptions/définitions proposées pour identifier avec certitude le sujet décrit ;
- identifier objectivement les erreurs ayant entraîné une mauvaise interprétation du message (erreurs d'observation, de rédaction ou de lecture).

1 Exercice collectif de présentation

Vous avez écrit le mot « maison » sur une feuille.
Ce mot ne doit pas être vu des élèves.
Vous demandez à un volontaire de venir au tableau. Vous lui montrez le mot (et à lui seul). Cet élève devient alors rédacteur. Il doit rédiger au tableau un petit texte que ses camarades (les lecteurs) devront utiliser pour deviner le nom désignant l'objet décrit. Le rédacteur n'a naturellement pas le droit d'utiliser le mot « maison » dans sa description.
Il peut utiliser une approche purement descriptive, par exemple : « Elle a quatre murs et un toit. ».
Mais il peut aussi opter pour une définition de type mots croisés, par exemple : « On habite dedans. ».
Le rédacteur écrit sa description/définition au tableau. Vous n'intervenez pas. Dès qu'il a terminé (que son texte soit cohérent ou non), vous demandez aux enfants :

- d'écrire le nom de l'objet décrit ;
- de rechercher les autres noms d'objets pouvant également correspondre à la définition donnée.

Par exemple, si la définition proposée pour « maison » est : « On habite dedans. », on pourra retenir comme autres réponses correctes : « immeuble », « appartement », « igloo », « logement », etc.
Ce travail doit se dérouler dans le silence. Aucune modification n'est apportée à la définition proposée pendant le déroulement de cette phase de l'activité.
Lorsque tout le monde a terminé sa recherche, vous dressez au tableau la liste des mots trouvés par la classe, en précisant pour chacun d'entre eux le nombre d'élèves l'ayant trouvé.
Exemple : maison (22), immeuble (7), appartement (6), etc.

Si seul le mot « maison » a été trouvé par l'ensemble de la classe, on s'interroge. La définition proposée est-elle si précise qu'elle ne tolère aucune autre réponse ? Si oui, bravo. Si non, vous proposez vous-même un ou plusieurs autres mots répondant également à la définition.

Si plusieurs autres mots ont été proposés, on vérifie dans un premier temps qu'ils répondent réellement à la définition donnée. On recherche ensuite oralement et collectivement une définition plus précise qui permette d'éliminer les réponses autres que « maison ».

Vous ajusterez le degré de précision recherché dans les définitions en fonction du niveau de votre classe.
Cet exercice sera répété sur plusieurs séquences, en variant rédacteur et mots à décrire, jusqu'à obtenir des descriptions/définitions satisfaisantes dès le premier jet.
On pourra, par exemple, utiliser les mots suivants : chapeau - stylo à bille - avion - fourmi.
Lorsque le principe de l'exercice est compris, on passe alors à la deuxième partie de l'activité.

2 Travail à deux à partir de modèles proposés

Feuille de rédaction

Doc 1, p. 27

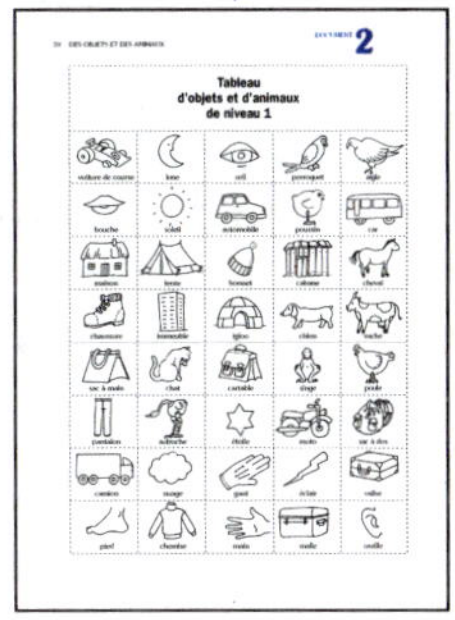
Tableau d'objets et d'animaux de niveau 1

Doc 2, p. 28

▸ *Travail écrit individuel*

Vous distribuez à chaque élève :
- le document 1,
- le document 2.

Chaque élève choisit un mot illustré parmi ceux proposés sur le tableau. Il note le mot (sur son cahier de brouillon, par exemple).
Il en rédige la description/définition sur la « Feuille de rédaction », sans oublier de remplir les rubriques « Nom du rédacteur » et « Date ».

Lorsque tous les élèves ont terminé leur texte, vous ramassez les feuilles.
La suite de l'exercice sera exécutée plus tard. Vous profitez de ce délai pour lire les feuilles et repérer (sans les corriger) les fautes qui reviennent le plus souvent. Ce travail vous permettra de sélectionner un certain nombre de mots ou de structures types (usage des pronoms sujets, accords divers, etc.) qui pourront faire l'objet, par la suite, d'une séance de grammaire ou d'orthographe (voir *RP 3*).

▸ *Exploitation des textes produits*

Lorsque vous poursuivez la séance, vous distribuez l'ensemble des feuilles de rédaction au hasard. Ce hasard peut être « influencé » si votre lecture des descriptions vous a suggéré des possibilités prometteuses d'associations (voir *RP 5*).

Chaque élève devient alors lecteur. Après avoir écrit son nom dans la rubrique « Nom du lecteur », il a charge d'identifier le mot qui a été décrit. Il écrit le mot qu'il a identifié dans la case prévue à cet effet.
S'il considère que d'autres mots répondent également à la définition proposée, il les écrit dans la rubrique « La description correspond aussi à… » au bas de la feuille de rédaction.
Il peut également adresser quelques remarques à l'auteur de la description (pour expliquer, par exemple, les difficultés qu'il a rencontrées en lisant la description).
Lorsque chaque élève a répondu, vous ramassez les feuilles et vous les rendez aux auteurs des descriptions. Ceux-ci vérifient alors si le mot indiqué sur la feuille correspond à celui qu'ils ont noté.
Vous effectuez alors un relevé des réponses correctes et des « échecs ». Une réponse est considérée comme correcte, **uniquement si seul le mot à trouver est proposé**.
Une définition s'appliquant à plusieurs mots n'est pas suffisamment précise. Seront donc comptabilisées comme des « échecs » les feuilles « réponses » qui :
- ne portent pas le mot à trouver ;
- portent effectivement le mot à trouver mais accompagné d'autres possibilités.

Ce relevé peut être affiché dans la classe (voir *RP 4*).
Il s'agit maintenant d'identifier les causes de ces « échecs ». Différentes possibilités s'offrent à vous (voir *RP 7*).
Répétez l'opération sur plusieurs séances jusqu'à l'obtention d'un taux de réussite satisfaisant. Le degré de difficulté de cette activité pourra être augmenté en utilisant les documents 3 et 4.
Vous pouvez ensuite passer à la troisième partie de cette activité.

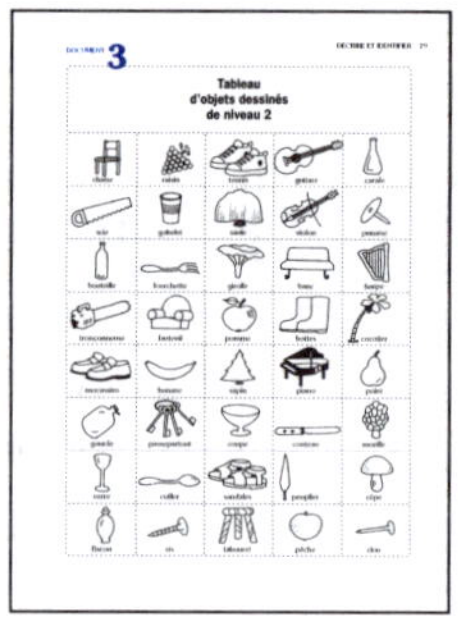

Doc 3, p. 29

Doc 4, p. 30

3 Travail à deux à partir de mots tirés au sort

▸ *Travail écrit individuel*

Vous reproduisez le document 5 et vous le découpez en étiquettes (une par mot).

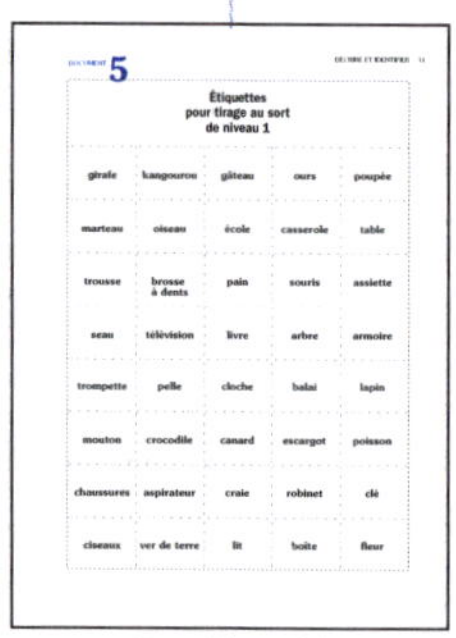
5
Étiquettes
pour tirage au sort
de niveau 1

girafe	kangourou	gâteau	ours	poupée
marteau	oiseau	école	casserole	table
trousse	brosse à dents	pain	souris	assiette
seau	télévision	livre	arbre	armoire
trompette	pelle	cloche	balai	lapin
mouton	crocodile	canard	escargot	poisson
chaussures	aspirateur	craie	robinet	clé
ciseaux	ver de terre	lit	boîte	fleur

Doc 5, p. 31

Vous pliez ces étiquettes et vous les placez dans une boîte à l'attention des élèves.
Vous reproduisez le document 1 (page 27) et vous le distribuez à chaque élève.
Chacun tire un mot au hasard dans la boîte. Il le note sur un cahier et en rédige la description/définition sur la « Feuille de rédaction », sans oublier de remplir les rubriques « Nom du rédacteur » et « Date ». Il n'a naturellement pas le droit d'employer le mot à trouver dans sa description.
Lorsque tous les élèves ont terminé leur texte, vous ramassez les feuilles (et les étiquettes qui serviront pour un prochain tirage !).
Là encore, la suite de l'exercice se fera plus tard. Vous profitez de ce délai pour lire les feuilles et repérer (sans les corriger) les fautes qui reviennent le plus souvent (voir *RP 3*).

▸ *Exploitation des textes produits*

Lorsque vous poursuivez la séance, vous donnez à chaque élève une feuille « rédaction » qui n'est pas la sienne (voir *RP 5*). Chaque élève devient alors lecteur. Après avoir écrit son nom dans la rubrique « Nom du lecteur », il a charge d'identifier le mot qui a été décrit.
Il écrit le mot qu'il a identifié dans la case prévue à cet effet.
S'il considère que d'autres mots répondent également à la définition proposée, il les écrit au bas de la feuille de rédaction.
Lorsque chaque élève a répondu, vous ramassez les feuilles et vous les rendez aux auteurs des descriptions. Ceux-ci vérifient alors si le mot indiqué sur la feuille correspond à celui qu'ils ont noté sur leur cahier.
Vous effectuez alors un relevé des réponses correctes et des échecs.
Une réponse est considérée comme correcte, **uniquement si seul le mot à trouver est proposé**.
Une définition s'appliquant à plusieurs mots n'est pas suffisamment précise. Seront donc comptabilisées comme des « échecs » les feuilles de rédaction qui :
- ne portent pas le mot à trouver ;
- portent effectivement le mot à trouver mais accompagné d'autres possibilités. Ce relevé peut être affiché dans la classe (voir *RP 4*).

Les feuilles « échec » pourront être exploitées en phase de remédiation (voir *RP 7*).
Répétez l'opération sur plusieurs séances (documents 5 et 6, pages 31 et 32) jusqu'à l'obtention d'un taux de réussite satisfaisant.

Prolongements

Vous pouvez accroître le degré de difficulté de cette activité en proposant aux enfants des mots qui décrivent des concepts abstraits (voir document 7, page 33).
Cette variante de l'exercice exige des élèves un véritable effort de réflexion. Ils ne doivent utiliser ni le mot à trouver, ni un mot de la même famille. Les définitions produites témoigneront souvent d'une rédaction plus longue et plus construite.
Pour un meilleur résultat, il est cependant recommandé de recourir au déroulement suivi dans la présentation collective de l'exercice à la classe (voir page 22). En effet, on aura plus de chances d'obtenir la bonne réponse en faisant travailler tous les élèves plutôt qu'en travaillant à deux. Un seul lecteur risquerait de multiplier les propositions infructueuses. Piètre récompense pour les efforts du rédacteur !
La confrontation qui suivra ce type d'exercice pourra parfois être « houleuse ». Il est en effet difficile de communiquer l'abstrait ! Vous pouvez, en cas de désaccord, suggérer le recours au dictionnaire pour observer si la définition proposée à la classe se rapproche de la définition « officielle ».

Les activités de cette série peuvent très bien s'inscrire dans le cadre d'exercices de ré-emploi des pronoms relatifs (dont, qui, etc.).

Proposition d'une activité quotidienne de courte durée
Chaque matin, un volontaire lit devant la classe une définition/description permettant d'identifier le mot de son choix. Il aura préparé son texte auparavant.
Les réponses de la classe sont relevées et comptabilisées. L'auteur de la définition gagne autant de points qu'il aura suscité de réponses correctes.

Concepts abstraits de niveau 3

gentillesse	égoïsme	cruauté	courage	sincérité
lâcheté	hypocrisie	souffrance	solitude	bonheur
malheur	joie	tristesse	amour	haine
liberté	égalité	révolte	vérité	mensonge
chance	paix	danger	prudence	peur
intelligence	mort	naissance	jeunesse	générosité
beauté	laideur	espoir	désespoir	orgueil
précision	humour	ponctualité	politesse	guerre

CHAPITRE 3

DÉCRIRE ET IDENTIFIER DES PERSONNAGES

OBJECTIFS PÉDAGOGIQUES

Entraîner les élèves à :

- décrire avec précision un personnage ;
- utiliser des critères autres que la simple apparence physique générale (détails vestimentaires, détails du visage, activité, caractère) ;
- construire et rédiger des phrases de plus en plus complexes en respectant les règles de l'oral ou de l'écrit ;
- lire les descriptions/définitions proposées pour identifier avec certitude le sujet décrit ;
- identifier objectivement les erreurs ayant entraîné une mauvaise interprétation du message (erreurs d'observation, de rédaction ou de lecture).

1 Travail à deux à partir de modèles proposés

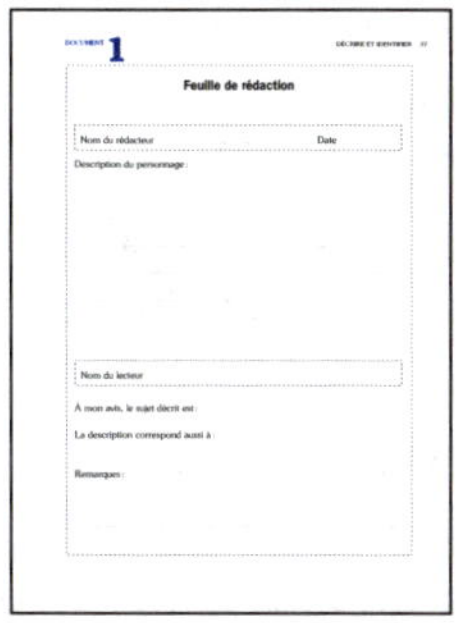
DOCUMENT 1

Feuille de rédaction

Nom du rédacteur — Date

Description du personnage :

Nom du lecteur

A mon avis, le sujet décrit est :

La description correspond aussi à :

Remarques :

Doc 1, p. 37

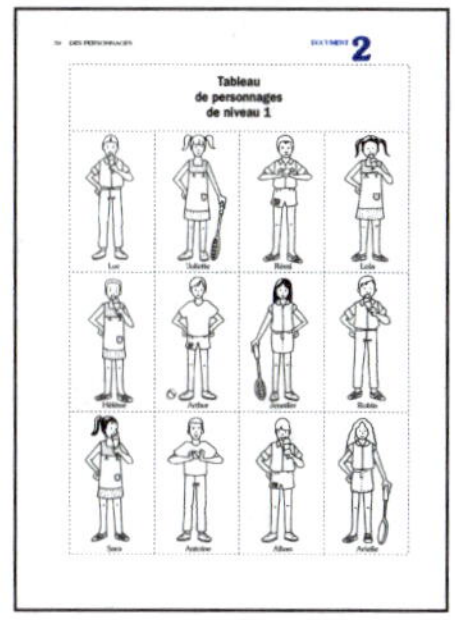
DOCUMENT 2

Tableau de personnages de niveau 1

Doc 2, p. 38

Vous distribuez à chaque élève :

- un exemplaire du document 1 ;
- un exemplaire du document 2.

Chaque élève choisit un personnage parmi ceux proposés sur le tableau. Il note son nom sur son cahier.

Il en rédige la description sur la « Feuille de rédaction », sans oublier de remplir les rubriques « Nom du rédacteur » et « Date ».

Lorsque tous les élèves ont terminé leur texte, vous ramassez les feuilles. Les phases suivantes s'enchaînent comme décrit précédemment :

- distribution des « Feuilles de rédaction » (voir *RP 5*) ;
- lecture de la description et identification du personnage ;
- retour des feuilles aux auteurs des descriptions ;
- relevé « réussites »/« échecs » (voir *RP 4*) ;
- remédiation (voir *RP 7*).

Répétez l'opération sur plusieurs séances, jusqu'à l'obtention d'un taux de réussite satisfaisant.

Vous pouvez ensuite :

- travailler sur le deuxième tableau proposé (document 3) ;
- passer à la deuxième partie de cette activité.

DOCUMENT 3

Tableau de personnages de niveau 2

Doc 3, p. 39

2 Travail à deux à partir de professions tirées au sort

Vous reproduisez le document 4 et vous le découpez en étiquettes.

Ensuite :

- tirage au sort des étiquettes ;
- rédaction de la description de la profession tirée sur la « Feuille de rédaction » (document 1) ;
- ramassage des « Feuilles de rédaction » ;
- distribution aux lecteurs ;
- lecture et identification de la profession ;

DOCUMENT 4

Tableau des professions de niveau 1

acteur	chanteur	boucher	fleuriste	boulangère
pompier	fermier	peintre	instituteur	médecin
plombier	écrivain	jardinier	pêcheur	danseuse
chauffeur de taxi	coiffeuse	garagiste	dentiste	photographe
cuisinier	maçon	policier	soldat	bûcheron
menuisier	magicien	facteur	vendeuse	pharmacien

Doc 4, p. 40

- restitution des feuilles aux rédacteurs ;
- relevé des résultats (voir *RP 4*) ;
- remédiation (voir *RP 7*).

Vous pourrez ensuite travailler sur le document 5, qui présente un degré de difficulté supérieur.

Remarque

Les activités de cette série peuvent venir renforcer les exercices de construction de phrases de type sujet/verbe/complément, ainsi que les activités encourageant à l'emploi des pronoms personnels sujets.

5

Tableau des professions de niveau 2

journaliste	avocat	banquier	éleveur	architecte
ambassadeur	ministre	chirurgien	professeur	infirmière
charpentier	pédiatre	maquilleuse	cascadeur	détective
épicier	mécanicien	couturier	mannequin	éboueur
antiquaire	jockey	dessinateur	hôtesse de l'air	prêtre
gendarme	guide	publicitaire	informaticien	secrétaire

Doc 5, p. 41

Prolongements

Chaque matin, un volontaire lit devant la classe une description permettant d'identifier un camarade de son choix. Il aura préparé son texte auparavant.

Les enfants veilleront à ne pas utiliser de détails vestimentaires si leur description n'est pas destinée à être exploitée le jour-même. Ils devront, au contraire, puiser dans le registre des traits de caractère pour augmenter leurs chances de succès.

Les réponses de la classe sont relevées et comptabilisées. L'auteur de la définition gagne autant de points qu'il aura suscité de réponses correctes.

Tableau des professions de niveau 2

journaliste	avocat	banquier	éleveur	architecte
ambassadeur	ministre	chirurgien	professeur	infirmière
charpentier	pédiatre	maquilleuse	cascadeur	détective
épicier	mécanicien	couturier	manequin	éboueur
antiquaire	jockey	dessinateur	hôtesse de l'air	prêtre
gendarme	guide	publicitaire	informaticien	secrétaire

CHAPITRE 4

DÉCRIRE ET IDENTIFIER DES PERSONNAGES DANS UN CONTEXTE

OBJECTIFS PÉDAGOGIQUES

Entraîner les élèves à :

- déterminer les différents critères (tenue, position, activité, etc.) utiles à l'identification d'un personnage, parmi d'autres présentant des caractéristiques semblables ;
- construire des phrases permettant de présenter d'une façon cohérente et claire les détails/caractéristiques voulus ;
- utiliser les prépositions ;
- construire des phrases complexes de type : sujet, adjectif/ complément de nom, verbe, COD, préposition, complément de lieu.

1 Exercice collectif de présentation

Vous distribuez à chaque élève :
- un exemplaire du document 2 pour une classe de CE2 ;
- un exemplaire du document 5 pour une classe de CM.

Vous demandez à un volontaire de venir au tableau. Vous lui montrez le document (document 2 ou 5) et vous lui demandez de rédiger une description qui ne corresponde qu'à un seul dessin. Laissez-lui une bonne minute de réflexion. Une fois sa description écrite au tableau, la classe la lit (silencieusement) et recherche le dessin correspondant.

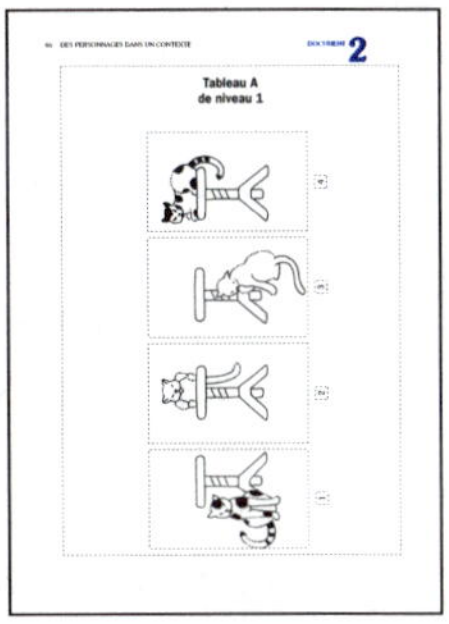
Tableau A
de niveau 1

Doc 2, p. 46

Tableau A
de niveau 2

Doc 5, p. 49

On procède au relevé des réponses en indiquant le score obtenu par chaque dessin. Le numéro du dessin choisi est alors dévoilé à la classe. Combien y a-t-il de bonnes réponses ? Combien de réponses incorrectes ?
S'il y a des réponses incorrectes, on tâche d'en déterminer la cause.
La description est-elle correcte ?
Peut-elle être améliorée ? Présente-t-elle tous les détails/caractéristiques nécessaires ?
On pourra alors procéder à l'inventaire des différents paramètres présents dans chaque dessin.
Par exemple, pour la planche « chat/tabouret » : les paramètres fixes sont le chat et le tabouret.
Les paramètres variables sont la couleur du chat, sa position par rapport au tabouret.
Une description correcte doit nécessairement présenter ces quatre paramètres. Par exemple : « Le chat noir est sur le tabouret. »
Lorsqu'une description satisfaisante a été obtenue, vous enchaînez avec la phase suivante.

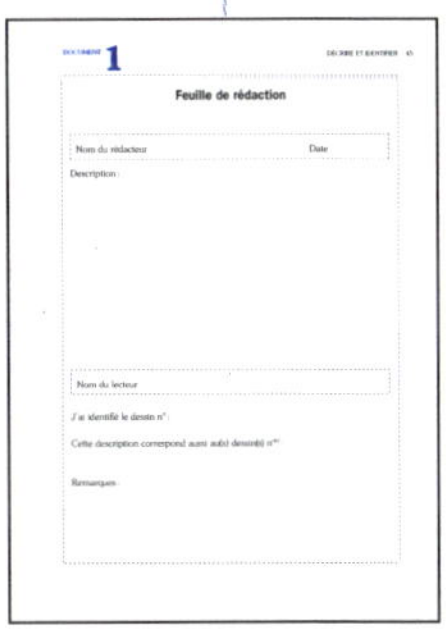
Feuille de rédaction

Doc 1, p. 45

2 Travail à deux

Les élèves ont conservé la photocopie présentant les dessins de la phase de présentation.
Vous leur distribuez un exemplaire du document 1.
Chacun d'eux choisit alors un dessin. Il en note le numéro sur un cahier, puis il en rédige la description sur la « Feuille

de rédaction » (document 1). Quand cela est fait, les feuilles sont ramassées et distribuées au hasard (voir RP 5).

Les élèves, devenus lecteurs, doivent alors identifier le dessin décrit. Ils en notent le numéro dans l'espace prévu à cet effet. La rubrique « Remarques » est destinée aux élèves qui ne parviennent pas à identifier le dessin avec certitude. Ils y expliquent pourquoi, à leur avis, la description ne leur permet pas d'identifier le dessin choisi.

Une fois les feuilles rendues aux rédacteurs, ceux-ci vérifient si leur lecteur a identifié le bon dessin. On relève les résultats (voir RP 4). On recherche ensuite les causes d'erreurs et les différentes façons d'y remédier (voir RP 7). Bon nombre des remarques émises lors de cette remédiation pourront alors être exploitées au tableau, pour une approche grammaticale de la phrase (surtout aux niveaux 2 et 3).

Une fois cette activité terminée et en fonction des résultats, vous pourrez :

- reprendre le même déroulement, avec la même planche ou une planche différente mais de même niveau. Cela permettra à vos élèves de se familiariser avec ce type d'activité ;
- reprendre le même déroulement avec une planche de niveau supérieur. Vos élèves devront alors identifier et intégrer à leur description un nombre croissant de paramètres ;
- demander à vos élèves de décrire deux personnages (niveaux 2 et 3).

Planches proposées :

- niveau 1 : documents 2, 3 et 4 ;
- niveau 2 : documents 5, 6 et 7 ;
- niveau 3 : documents 8, 9 et 10.

CHAPITRE 5

DÉCRIRE ET IDENTIFIER

UN BÂTIMENT

OBJECTIFS PÉDAGOGIQUES

Entraîner les élèves à :

- utiliser un vocabulaire précis pour désigner un ou plusieurs éléments ;
- situer des éléments dans l'espace ;
- décrire la position d'un élément par rapport à un repère fixe ;
- écouter/lire une description et se conformer aux indications qu'elle contient pour reproduire le modèle décrit ;
- identifier le modèle initial à partir de la reproduction obtenue ;
- élaborer et utiliser une grille de relecture en fonction d'objectifs d'écriture précis.

1 Travail à deux

Vous avez préparé pour chaque élève :
- deux exemplaires du document 1 ;
- deux exemplaires du document 2 ;
- un exemplaire du document 3.

Vous distribuez à chacun :
- un exemplaire du document 1 ;
- un exemplaire du document 2
- un exemplaire du document 3.

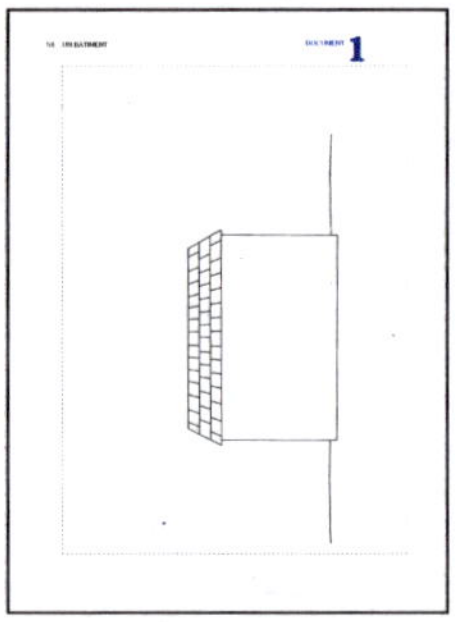

Doc 1, p. 58

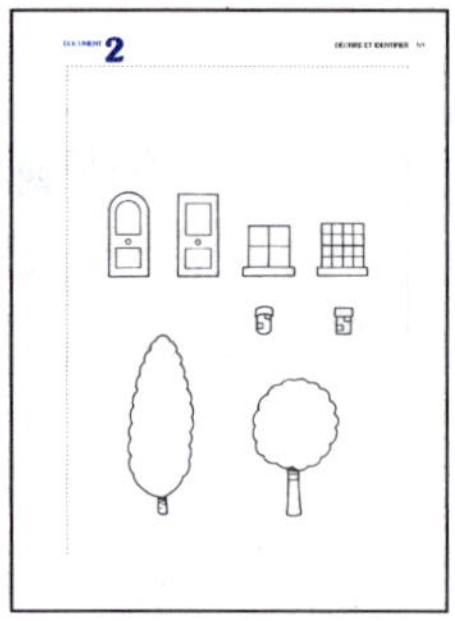

Doc 2, p. 59

▸ *Création du modèle*

Chaque élève doit :
- découper les éléments du document 2 et coller sur la maison (document 1) ceux qu'il aura librement choisis ;
- écrire et compléter, au-dessus du cadre, « Maison imaginée par... ».

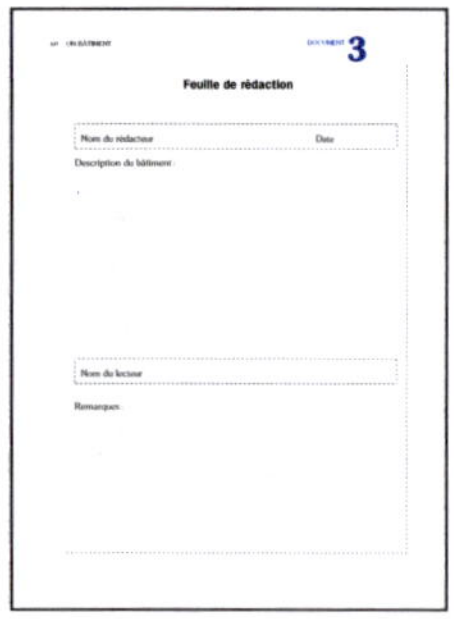

Doc 3, p. 60

▸ *Rédaction de la description*

Chaque élève doit décrire sa maison sur le document 3.

Si vos élèves ont déjà manipulé les grilles de relecture dans les activités précédentes, vous pourrez en élaborer une nouvelle correspondant à cet exercice. Dans le cas contraire, mettez-la en place dans le cadre de la remédiation.

Exemple de grille de relecture

Ma description donne les informations suivantes :	FORME		EMPLACEMENT	
	oui	non	oui	non
la cheminée				
la porte				
la fenêtre				
l'arbre				

Suivant le niveau de la classe, on pourra ajouter d'autres éléments qui seront dessinés par les élèves (nuage, soleil, couleur...).

▸ *Lecture des descriptions*

Une fois les descriptions terminées, vous ramassez les feuilles et les redistribuez au hasard (voir *RP 5*). Vous donnez également à chaque élève un nouvel exemplaire du document 1 et du document 2.

Chaque élève doit alors :

- lire la description ;
- réaliser la maison correspondante à l'aide des documents 1 et 2 ;
- écrire et compléter au-dessus du cadre : « Maison réalisée par… d'après la description de… » ;
- faire quelques remarques au rédacteur sur la « Feuille de rédaction », si l'élève le juge nécessaire.

Vous ramassez les descriptions et les collages réalisés et vous les rendez aux auteurs des descriptions.

Contrôle de conformité et remédiation

Chaque rédacteur compare le collage réalisé avec sa maison-modèle. On pourra, à cette occasion, élaborer une grille de contrôle inspirée de la grille de relecture.

Exemple de grille de contrôle

Les éléments suivants sont :	bien choisis		bien placés		si réponse « non », erreur de :	
	oui	non	oui	non	rédaction	lecture
la cheminée						
la porte						
la fenêtre						
l'arbre						

Cette grille de contrôle doit amener l'élève à s'interroger sur la qualité de sa description (en cas de non-conformité modèle/collage obtenu). Une phase de remédiation sera sans doute nécessaire lors des premières séances (voir *RP 7*). Vous pourrez renouveler cette activité sur quelques séances puis vous passerez au « Château » (documents 4 et 5) en suivant le même déroulement.

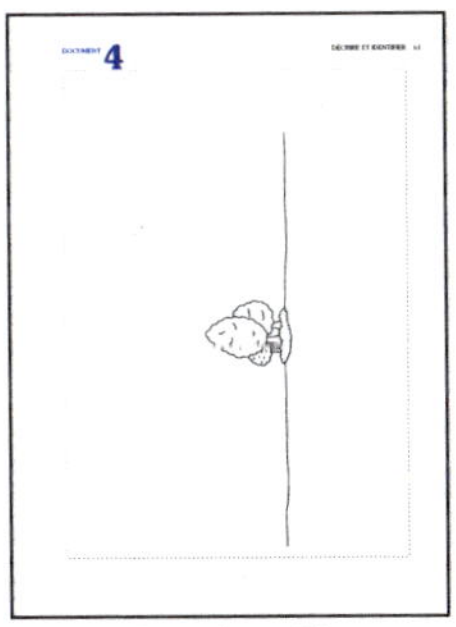

Doc 4, p. 61

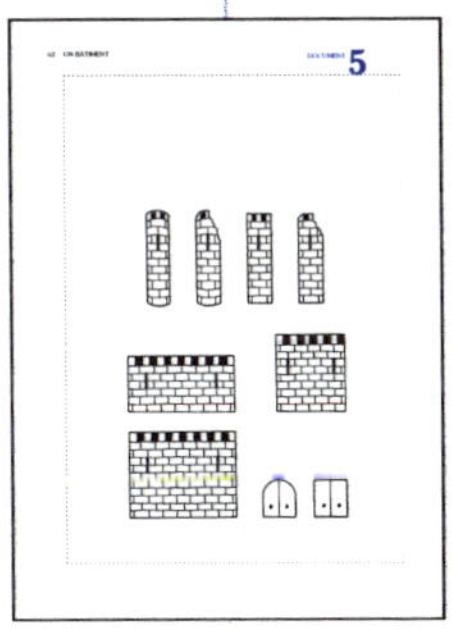

Doc 5, p. 62

DOCUMENT 1

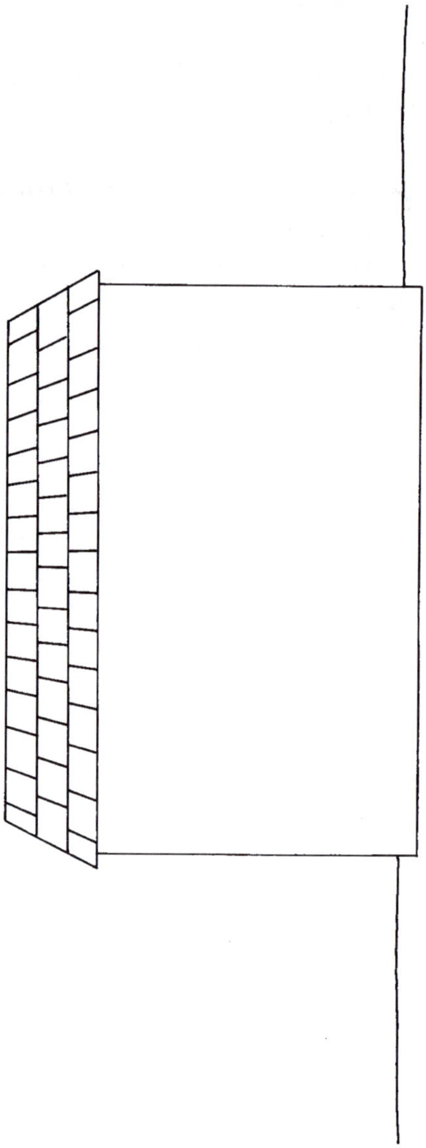

DOCUMENT 3

Feuille de rédaction

Nom du rédacteur .... Date ....

Description du bâtiment :

....

....

....

....

....

....

Nom du lecteur ....

Remarques :

....

....

....

....

....

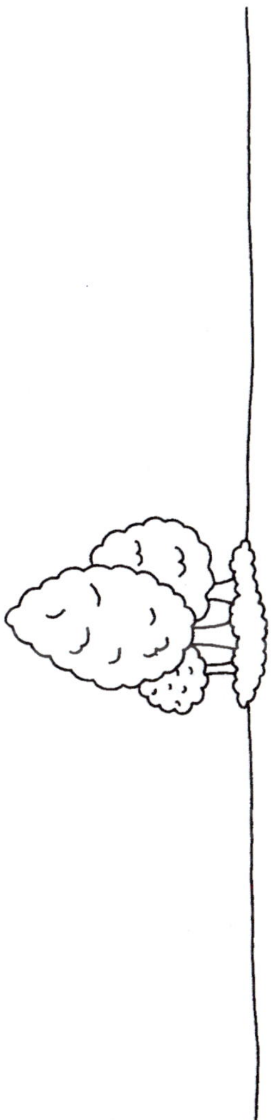

DOCUMENT 5

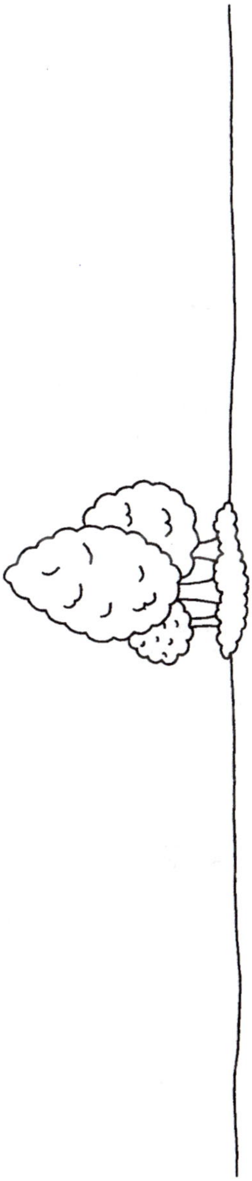

DOCUMENT 5

CHAPITRE 6

DÉCRIRE ET IDENTIFIER

UN PAYSAGE

OBJECTIFS PÉDAGOGIQUES

Entraîner les élèves à :

- utiliser un vocabulaire précis pour désigner un ou plusieurs éléments ;
- situer des éléments dans l'espace ;
- décrire la position d'un élément par rapport à un repère fixe ;
- écouter/lire une description et se conformer aux indications qu'elle contient pour reproduire le modèle décrit ;
- identifier le modèle initial à partir de la reproduction obtenue ;
- élaborer et utiliser une grille de relecture en fonction d'objectifs d'écriture précis.

1 Travail à deux

Vous avez préparé pour chaque élève :
- un exemplaire du document 1 : paysage nu ;
- un exemplaire du document 2 : quatre paysages avec des éléments ;
- un exemplaire du document 3 : tableau d'éléments ;
- une feuille simple (page de cahier par exemple).

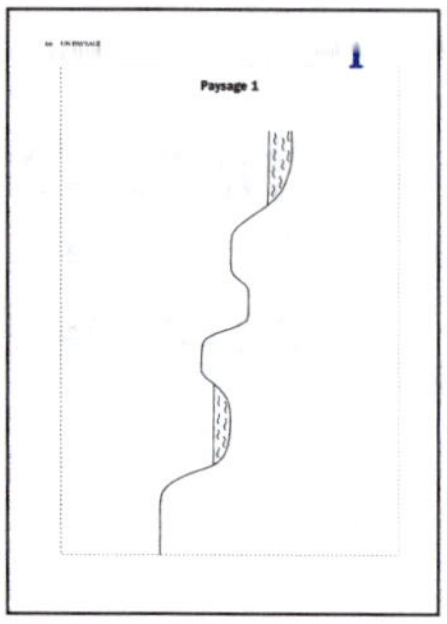

Doc 1, p. 66

Vous distribuez le document 2. La classe compare alors les différents paysages et note (au tableau puis sur un cahier personnel) :
- les noms désignant les éléments fixes du paysage (grande colline, petite colline, lac ou fleuve, mer...) ;
- les noms désignant les éléments mobiles (maison, moulin, tour, arbre en boule...).

À cette occasion, on pourra s'entraîner à préciser oralement la position de tel ou tel élément dans le paysage.
Vous distribuez ensuite les documents 1 et 3 ainsi que la feuille simple.

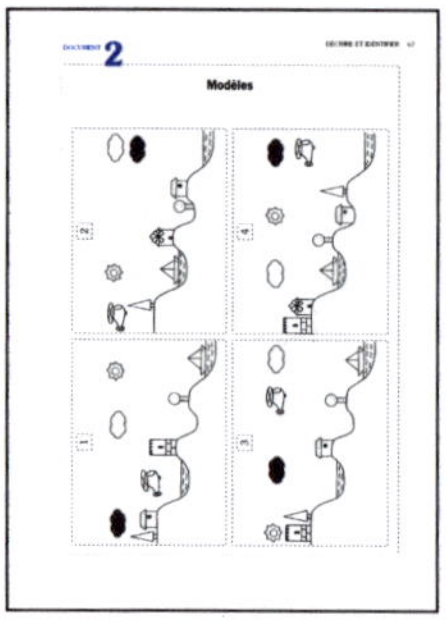

Doc 2, p. 67

Chacun des élèves doit :
- choisir un paysage modèle, parmi les quatre proposés sur le document 2, puis noter son numéro sur un cahier ;
- écrire son nom sur la feuille simple et y rédiger une description précise du paysage choisi. Cette description doit permettre à un camarade de reproduire le paysage (à l'aide du paysage nu et des éléments à découper).

Ce travail terminé, vous ramassez les descriptions et la page « Modèles ».

Doc 3, p. 68

▸ *Exploitation des descriptions*

Vous distribuez au hasard les descriptions (voir *RP 5*).
Chaque élève doit :
- lire la description rédigée par son camarade ;
- coller les éléments au fur et à mesure sur le décor, conformément aux indications données.

Lorsque les collages sont terminés, vous redistribuez le document 2 à chaque élève. En comparant son collage aux modèles proposés, le lecteur doit pouvoir identifier le paysage décrit par le rédacteur.

À ce stade, trois cas de figure sont envisageables :
- l'identification est immédiate ;
- l'identification est impossible (éléments mal placés ou manquants) ;
- l'identification est douteuse (certains éléments sont légèrement déplacés par rapport au modèle).

En cas d'identification impossible ou douteuse, on passe à la phase de remédiation (voir *RP 7*).

On pourra alors introduire la démarche suivante :
- les rédacteurs notent sur un cahier la liste des éléments figurant sur le paysage de leur choix ;
- ils rédigent leur description en suivant point par point la liste des éléments ;
- ils relisent leur description et entourent au fur et à mesure les éléments qu'elle mentionne ;
- ils vérifient que tous les éléments sont bien entourés.

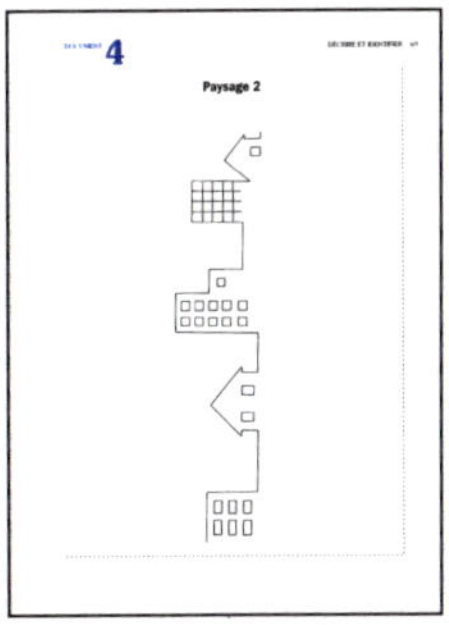

Doc 4, p. 69

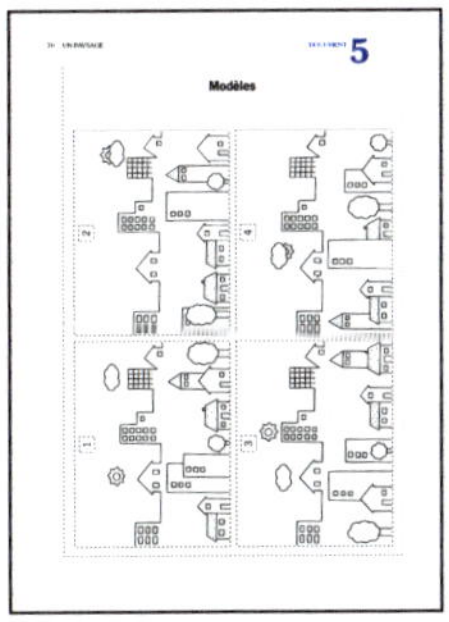

Doc 5, p. 70

Doc 6, p. 71

Si certains élèves ont eu des difficultés (dans la rédaction ou la lecture de la description), vous pourrez reprendre cette activité par ateliers de niveau, en préparant vous-même une série de modèles simplifiés. Vous utiliserez pour ce faire le paysage nu et un nombre restreint d'éléments.

Lorsque le principe de cette activité a été compris de tous, vous pouvez en augmenter le degré de difficulté en proposant aux enfants de travailler à partir des documents 4, 5 et 6.

Le déroulement est identique à celui de la séance précédemment décrite. La différence essentielle réside dans le vocabulaire à employer, d'une part pour désigner les éléments découpés, d'autre part pour indiquer avec précision leurs emplacements. Certains éléments sont en effet destinés à être superposés (l'un cachant partiellement l'autre).

Prolongements

Il sera possible de demander aux élèves de concevoir puis de décrire leur propre paysage. Ils pourront, pour cela, utiliser les éléments proposés dans cet ouvrage ou en créer d'autres.

DOCUMENT 1

Paysage 1

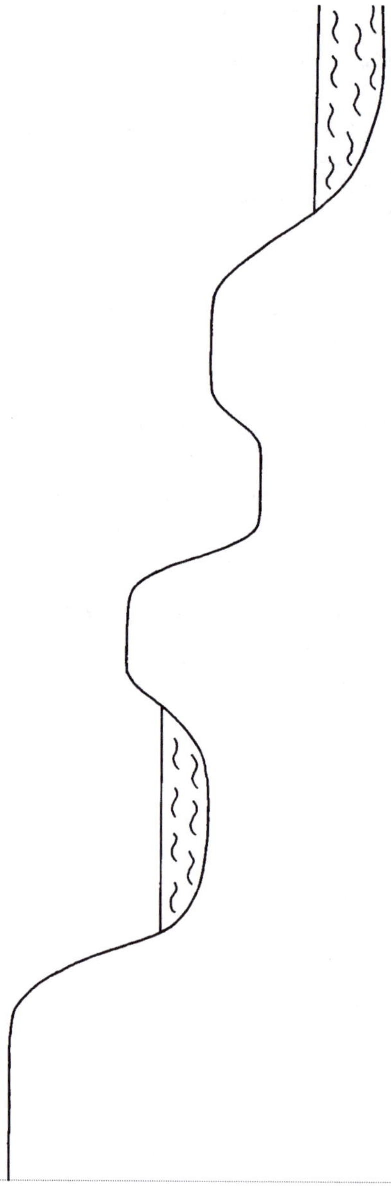

Modèles

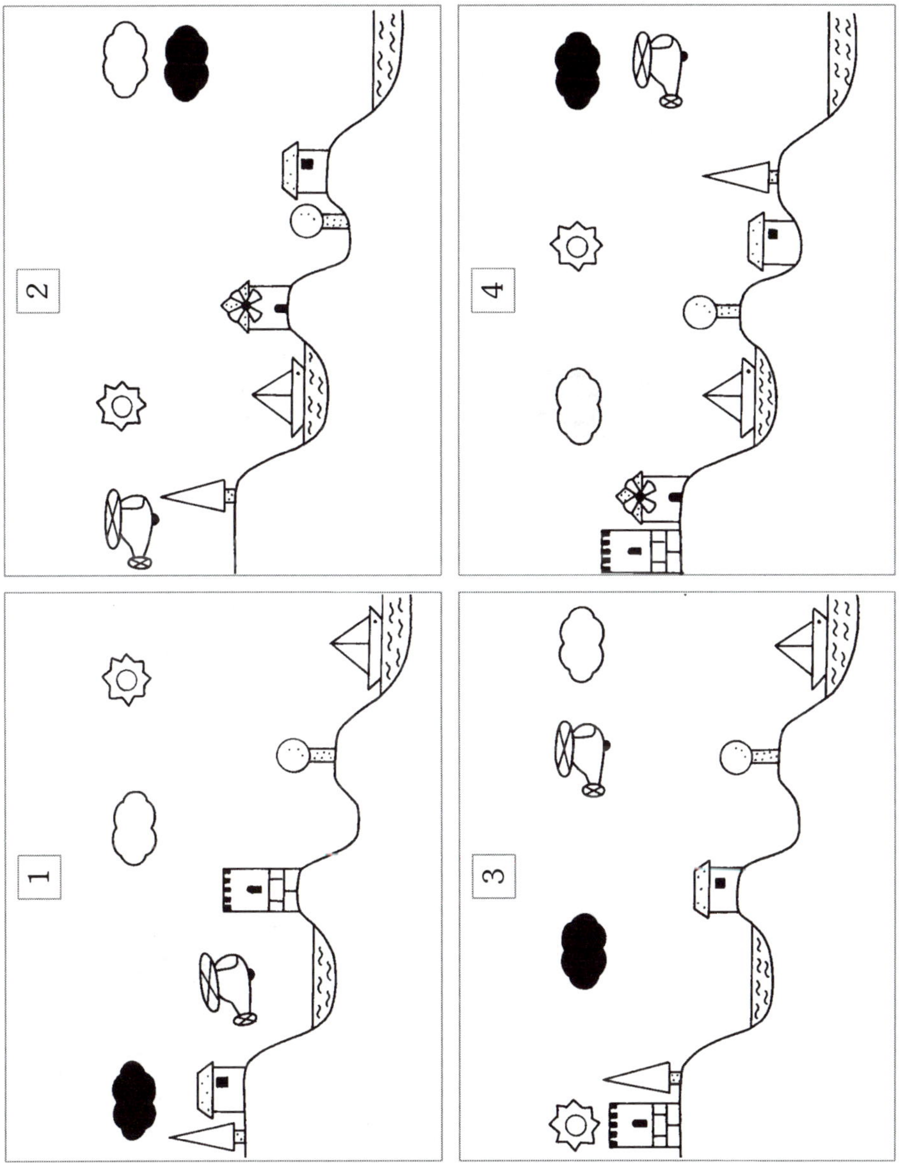

Éléments à découper

Paysage 2

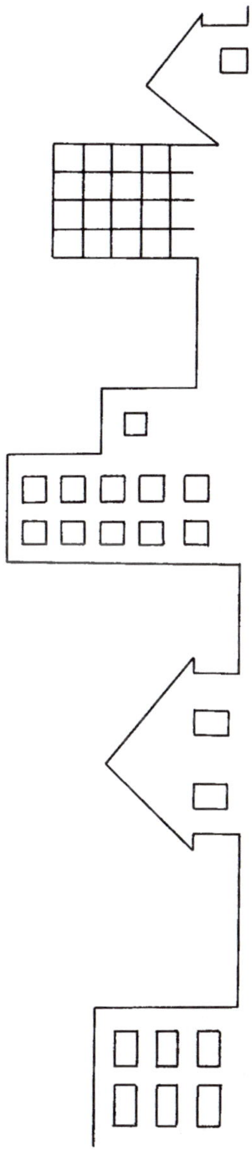

Modèles

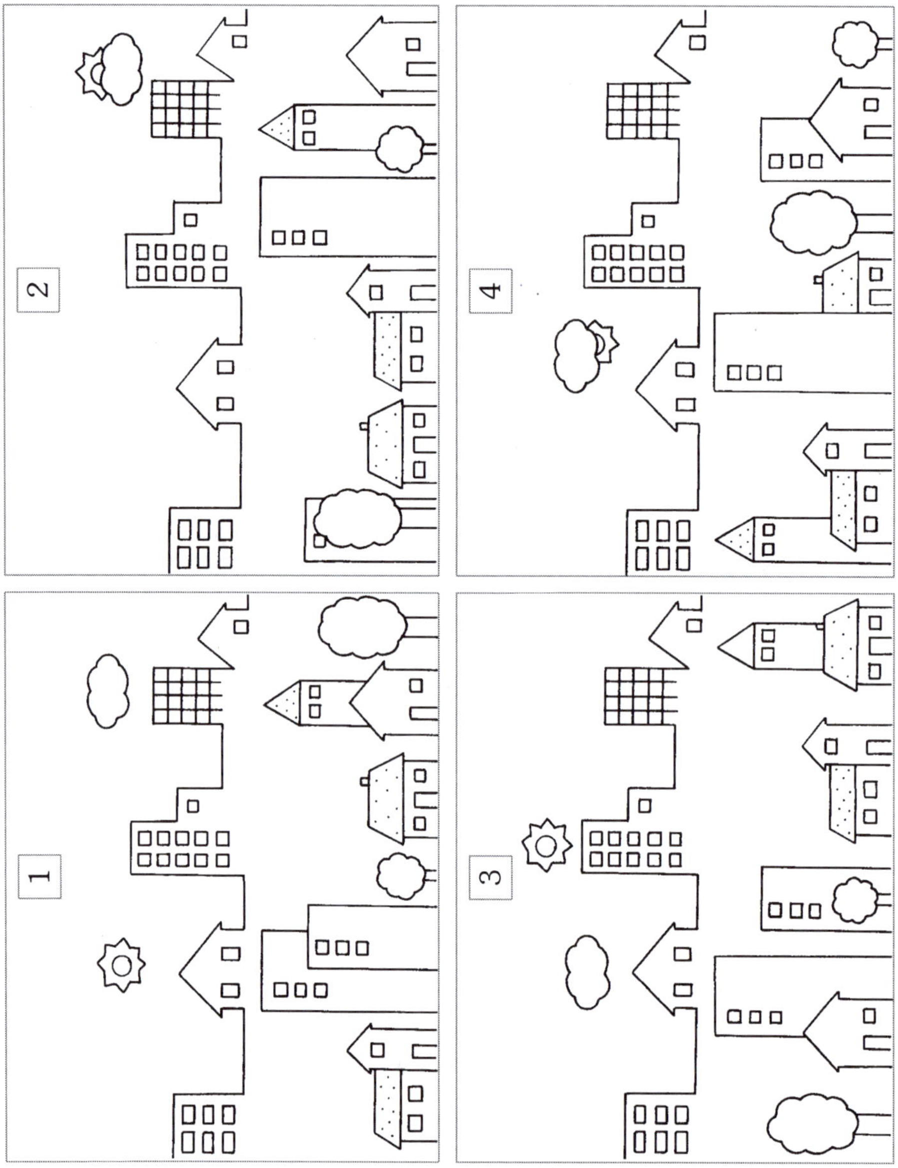

Éléments à découper

DEUXIÈME PARTIE

Expliquer et comprendre

Remarque
La frontière entre « explication » et « description » peut paraître floue. Il s'agit maintenant d'entraîner les élèves à rédiger une succession de consignes claires et précises à l'intention de leurs camarades. On incitera donc les élèves à écrire des textes résolument explicatifs (usage de l'impératif et de l'infinitif, précédés ou non d'expressions telles que : « Il faut que… », « Tu dois… », etc.).

CHAPITRE 1

EXPLIQUER ET COMPRENDRE

UN RANGEMENT

OBJECTIFS PÉDAGOGIQUES

Entraîner les enfants à :

- utiliser un vocabulaire précis pour désigner un ou plusieurs éléments ;
- situer des éléments dans l'espace ;
- décrire la position d'un élément par rapport à un repère fixe ;
- écouter/lire une explication et exécuter rigoureusement la succession de consignes qu'elle contient.

1 Travail à deux

Vous avez préparé pour chaque élève :
- deux exemplaires du document 1 ;
- deux exemplaires du document 2 ;
- une feuille simple.

Vous distribuez à chaque élève :
- un exemplaire du document 1 ;
- un exemplaire du document 2 ;
- la feuille simple.

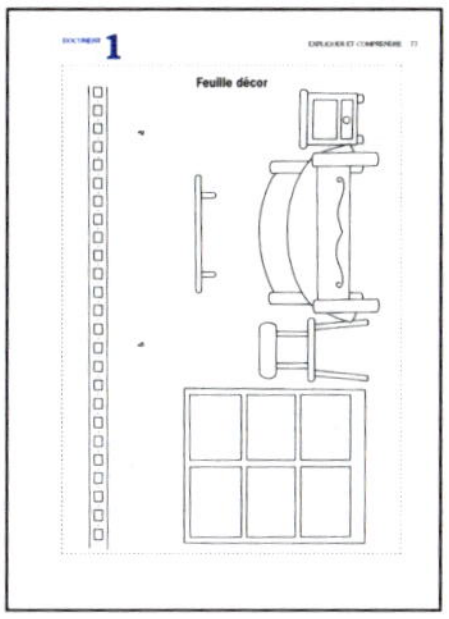

Doc 1, p. 77

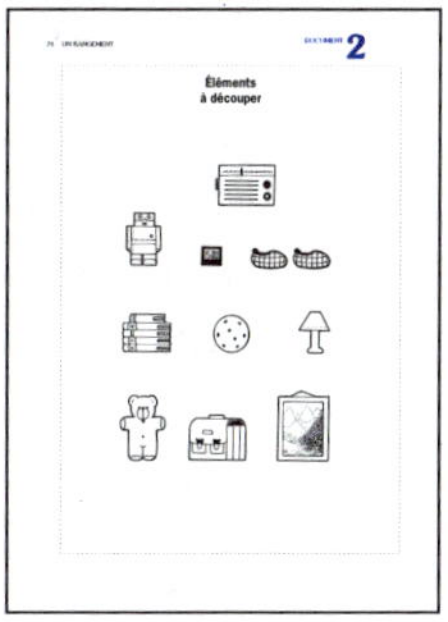

Doc 2, p. 78

▸ *Création du modèle*

Chaque élève va rédiger les consignes permettant de ranger la chambre comme il le désire. Pour ce faire, il doit :
- découper les éléments du document 2 ;
- les ranger à sa guise en les collant sur la « Feuille décor » (document 1). Il peut n'utiliser qu'une partie des éléments proposés.

▸ *Rédaction des instructions*

Chaque élève écrit son nom sur la feuille simple et rédige une série d'explications permettant à un camarade de procéder à un rangement identique.

Attention ! Il ne s'agit pas pour le rédacteur de décrire la chambre rangée mais de rédiger une succession de consignes que le lecteur devra exécuter une à une. Prenons un exemple : « Range l'ours sur le lit. Place les chaussons sous la chaise. », etc.

Cela fait, vous ramassez les feuilles. Vous pourrez les parcourir afin d'évaluer le niveau de performance de votre classe en attendant de les exploiter au cours d'une deuxième séance.

▸ *Lecture et exécution*

Vous distribuez à chaque élève :
- un nouvel exemplaire des documents 1 et 2 ;
- une feuille d'instructions qui n'est pas la sienne (voir *RP 5*).

Chaque élève doit :
- lire les explications données par son camarade ;
- découper un à un les objets à ranger et les coller au fur et à mesure sur le décor, conformément aux explications données ;
- écrire et compléter au-dessus du dessin : « Chambre rangée par… ; en suivant les instructions de… ».

▸ Contrôle de conformité et remédiation

Les chambres rangées ainsi obtenues sont données aux rédacteurs. Ceux-ci les comparent avec le décor témoin qu'ils ont conservé.

Ils pourront utiliser une grille de contrôle, conçue sur le modèle suivant :

Objet(s)	bien rangé(s)		Si réponse « non », erreur de :	
	Oui	Non	Rédaction	Lecture
ours				
chaussons				
....				

La feuille d'instructions pourra aider à trancher en cas de litige (voir *RP 7*).

Si certains élèves ont eu des difficultés (dans la rédaction ou la lecture des instructions), vous pourrez reprendre cette activité par ateliers de niveau en limitant le nombre des objets à ranger.

Vous pourrez également recommander la démarche suivante.

Avant de rédiger ses instructions, chaque élève dresse sur un cahier la liste des objets qu'il a « rangés ».

Il rédige ses consignes en s'aidant de la liste.

Son texte terminé, il le relit : il entoure sur la liste les objets « rangés », à mesure qu'ils apparaissent dans le texte.

Il vérifie que tous les mots de la liste sont bien entourés.

Si certains mots ne sont pas entourés, il complète ses explications.

Lorsque le principe de cette activité a été compris de tous, vous pouvez en augmenter le degré de difficulté en proposant aux enfants de travailler à partir des documents 3 et 4 (pages 79 et 80).

Le déroulement est identique à celui de la séance précédemment décrite. La différence essentielle réside dans le vocabulaire à employer pour désigner les éléments découpés et en indiquer avec précision les emplacements.

Chaque élève a maintenant pour tâche de rédiger les instructions permettant à un jardinier de paysager le parc du château représenté sur la « Feuille décor ». Il utilise pour cela les éléments de son choix, sans nécessairement les employer tous.

Doc 3, p. 79

Doc 4, p. 80

Feuille décor

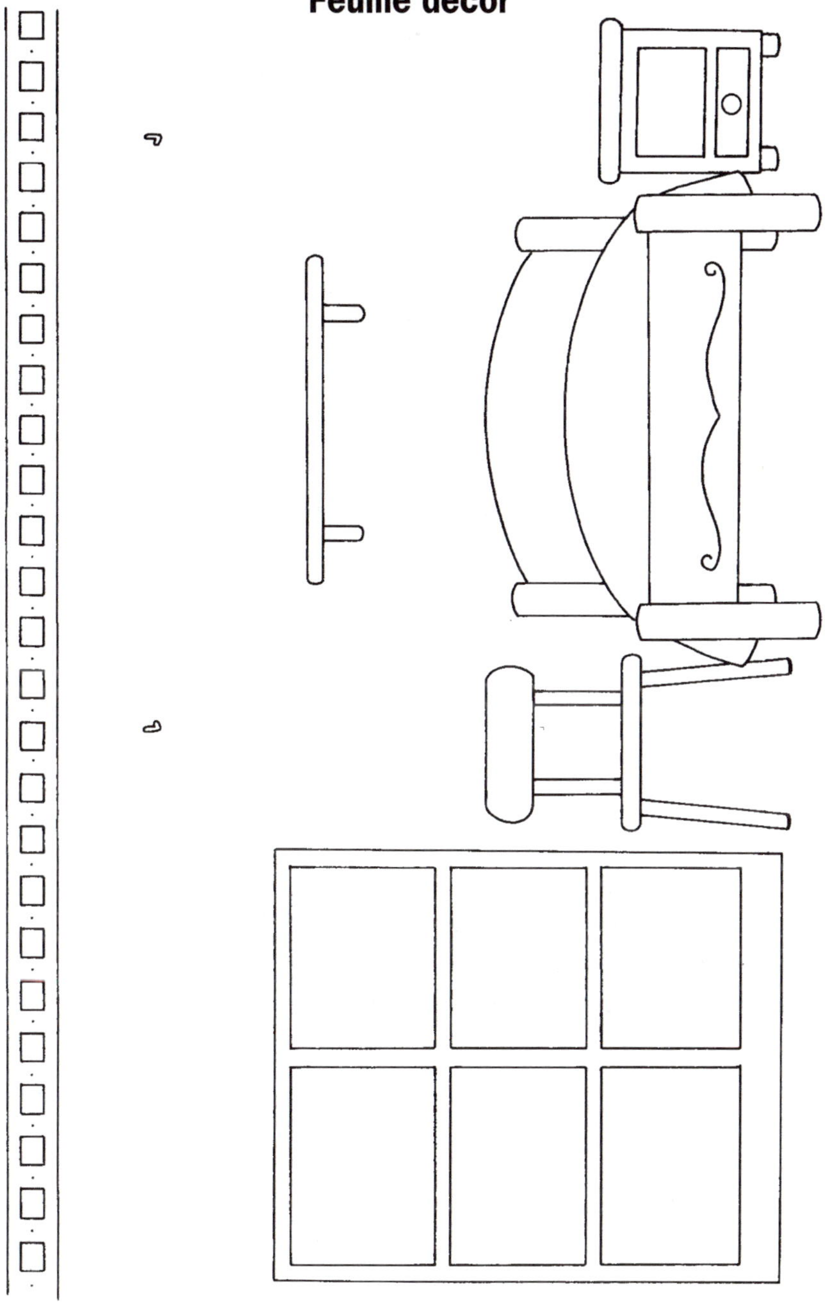

Éléments à découper

Feuille décor

Éléments à découper

CHAPITRE 2

EXPLIQUER ET COMPRENDRE UNE CONSTRUCTION DE PUZZLE

OBJECTIFS PÉDAGOGIQUES

Entraîner les enfants à :

- utiliser un vocabulaire précis pour désigner un ou plusieurs éléments ;
- situer et orienter des éléments dans l'espace ;
- décrire la position d'un élément par rapport à un autre ;
- expliquer un enchaînement de choix et de positionnements pour arriver à obtenir un motif choisi ;
- écouter une explication et exécuter rigoureusement la succession des consignes qu'elle contient.

1 Présentation collective à la classe

Vous préparez pour chaque élève et pour vous-même :
- le document 1 ;
- le document 2 ;
- une enveloppe de rangement.

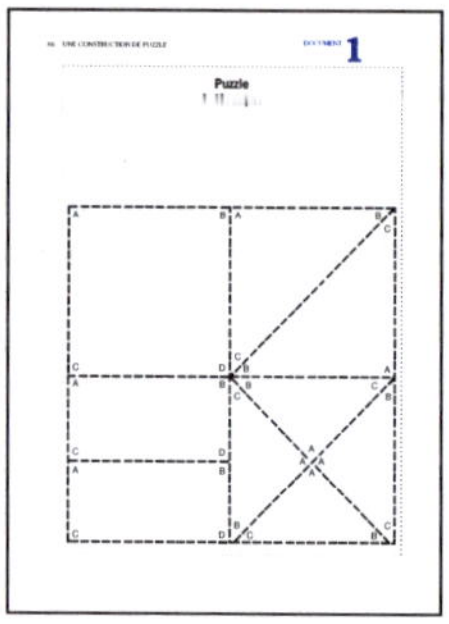

Doc 1, p. 86

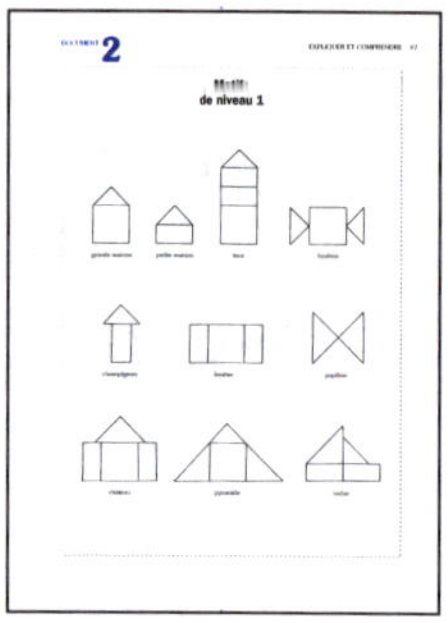

Doc 2, p. 87

Avant la séance, vous découpez les pièces de votre puzzle suivant les pointillés et vous sélectionnez un des motifs présentés sur le document 2. Vous rédigez une explication que vous délivrerez oralement à vos élèves. Celle-ci devra leur permettre de reproduire, à l'aide des pièces de leur puzzle, le motif que vous avez choisi.
Attention : durant votre explication, vous manipulerez les pièces à l'abri des regards des enfants (derrière un classeur ouvert en paravent, par exemple). Ceux-ci ne devront se fier qu'à ce que vous leur direz et suivre vos instructions point par point.

En début de séance, vous distribuez à chaque élève :
- un exemplaire du document 1 ;
- un exemplaire du document 2 ;
- une enveloppe de rangement.

Les élèves découpent les pièces du puzzle et inscrivent leurs initiales au dos de chaque pièce. Ceci permettra d'identifier sans peine le propriétaire d'une pièce égarée.
Quand tout est prêt, vous dressez l'inventaire des différentes pièces avec vos élèves. Chacun dispose de :
- un carré ;
- deux rectangles ;
- deux grands triangles ;
- quatre petits triangles.

Les lettres figurant sur chaque pièce permettent d'identifier avec précision ses côtés et ses angles.
À l'abri derrière votre paravent, vous commencez votre manipulation, en expliquant à voix haute et distincte ce que vous êtes en train de faire. Les élèves suivent point par point vos explications et exécutent vos consignes. Ils reproduisent ainsi les différentes étapes de votre manipulation et doivent obtenir le même motif que vous.

Une fois la manipulation terminée, demandez aux élèves de nommer le motif qu'ils ont reproduit (ce qu'ils font en consultant le document 2, page 87).
Vous comptabilisez les réponses correctes.
Étant vous-même l'auteur de l'explication, vous pouvez supposer que les éventuelles mauvaises réponses ont été causées par :
- une écoute distraite ;
- une interprétation erronée de vos explications.

Vous proposez alors aux élèves n'ayant pas réussi à reproduire votre motif d'écouter à nouveau votre explication. Cette fois-ci, la manipulation sera visible (pièces au tableau avec aimants ou tracées à la craie).
À la fin de chaque séance, n'oubliez pas de demander aux élèves de ranger leurs pièces dans les enveloppes distribuées à cet effet.

2 Travail à deux

Chaque élève dispose :
- des pièces du puzzle ;
- du document 2 ;
- du document 4.

4
Feuille de rédaction

Doc 4, p. 89

▸ *Choix du modèle*

Chaque élève choisit un motif sur le document 2, page 87.
Il en note le nom sur un cahier.
Il le réalise à l'aide des pièces de son puzzle, en enchaînant les manipulations comme bon lui semble.

▸ *Rédaction des instructions*

L'élève recherche ensuite l'enchaînement qui lui paraît le plus logique pour réaliser le motif (par exemple : commencer par la pièce du haut, la pièce du bas, la pièce la plus grosse, etc.). Il note les différentes étapes de cet enchaînement sur un cahier. Il rédige sur le document 4 une série d'instructions reprenant ces étapes une à une. Il reconstitue le motif à partir des seules instructions de son texte explicatif. Il vérifie ainsi qu'aucune des étapes notées sur son cahier n'a été omise.
Lorsque cela est fait, vous ramassez les feuilles de rédaction (document 4).

▸ *Exploitation des textes*

Vous distribuez à chaque élève une feuille de rédaction qui n'est pas la sienne (voir *RP 5*).

Chaque élève doit :

- lire les instructions ;
- suivre leur enchaînement pour construire le motif correspondant ;
- remplir la partie réponse du document 4 en indiquant le nom du motif identifié - ou en dessinant le motif obtenu, si celui-ci ne correspond à aucun des motifs proposés.

▸ *Contrôle de conformité et remédiation*

Les feuilles de rédaction ainsi complétées sont rendues aux rédacteurs. Ceux-ci vérifient que le motif choisi a bien été identifié.

La feuille de rédaction pourra aider à trancher en cas de litige (voir *RP 7*).

Vous pourrez varier le degré de difficulté de cette activité en proposant à vos élèves le document 3.

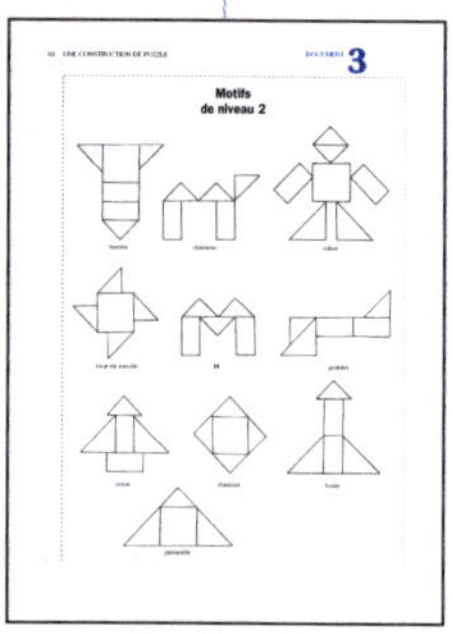

Doc 3, p. 88

Prolongements

Application collective

(un élève face à la classe).

Deux ou trois fois par semaine, un volontaire prépare l'explication correspondant au motif de son choix. Il la propose oralement à la classe en suivant le déroulement de votre présentation initiale.

On pourra, suivant l'effectif de la classe, assimiler cette activité à un jeu et adopter un système permettant de comptabiliser les points marqués par chacun. Par exemple :

- L'auteur d'une explication marque autant de points qu'il a provoqué de réponses correctes dans la classe.
- Les élèves écoutant l'explication marquent un point s'ils ont réussi à reproduire le bon motif.

Création de motifs originaux

Les élèves pourront, bien sûr, créer leur propres motifs qu'ils proposeront à leurs camarades.

Dans ce cas, il est préférable qu'ils vous les soumettent avant de les employer. Vous pourrez juger par vous-même de leur faisabilité et, éventuellement, « négocier » une simplification des motifs trop compliqués avec leurs auteurs.

Création d'une réserve de textes

Chaque élève rédige une feuille de rédaction correspondant au motif de son choix (original ou non).

Les textes explicatifs ainsi obtenus sont regroupés dans un « fichier » dans lequel les élèves pourront puiser à leur convenance afin de réaliser et d'identifier le motif proposé.

Auteur et lecteur du texte contrôleront ensemble la clarté et le respect des consignes (voir *RP 6*).

DOCUMENT 1

Puzzle
à découper

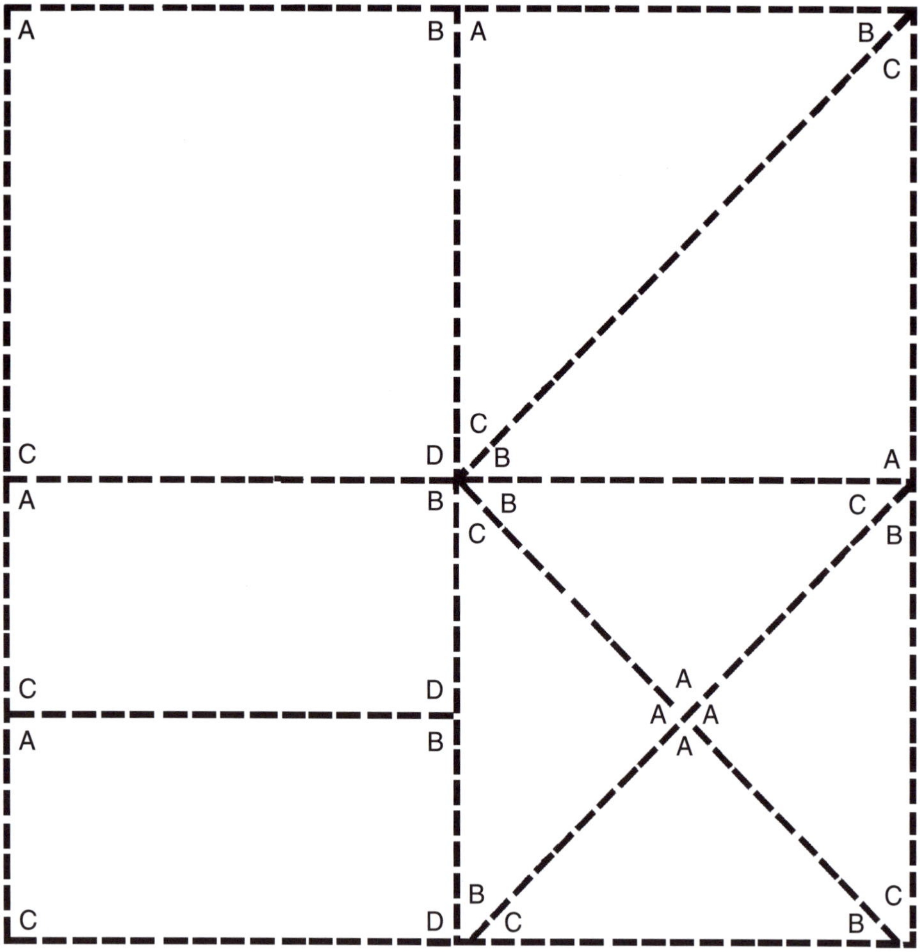

Motifs de niveau 1

grande maison

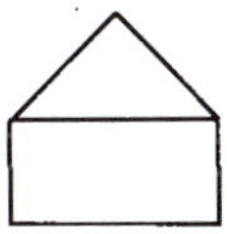

petite maison

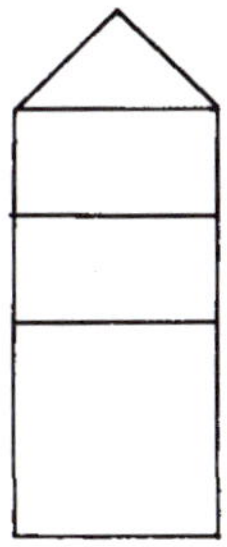

tour

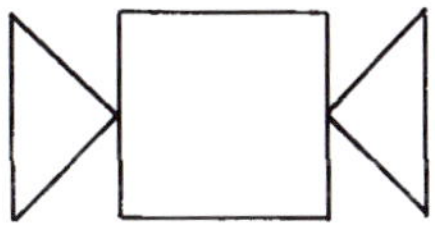

bonbon

champignon

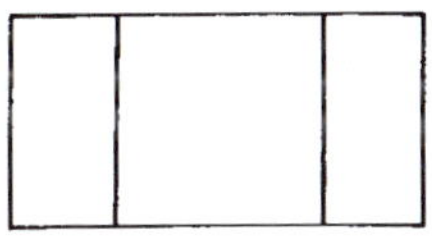

fenêtre

papillon

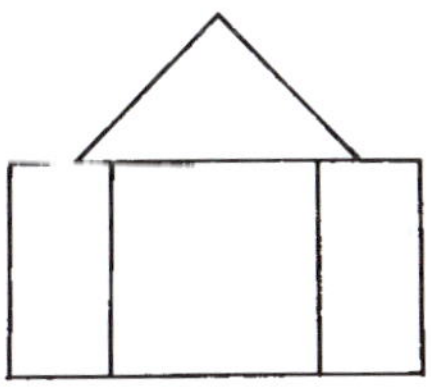

château

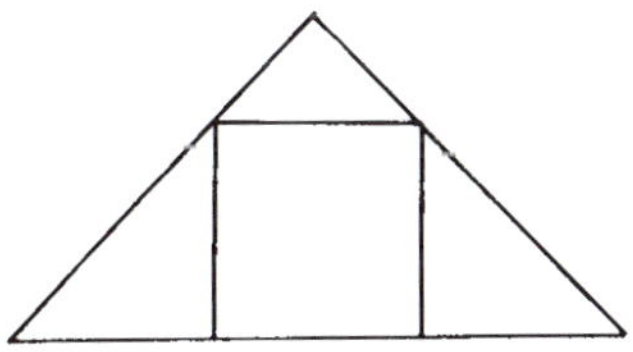

pyramide

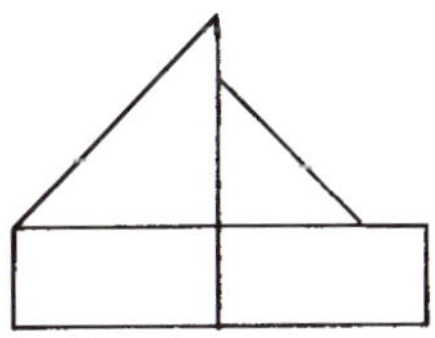

voilier

DOCUMENT 3

Motifs de niveau 2

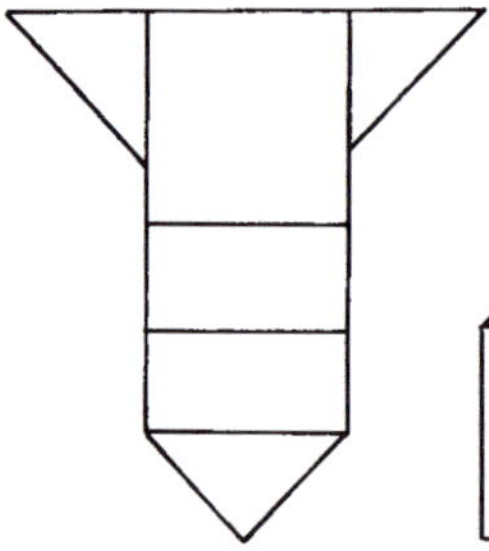
bombe

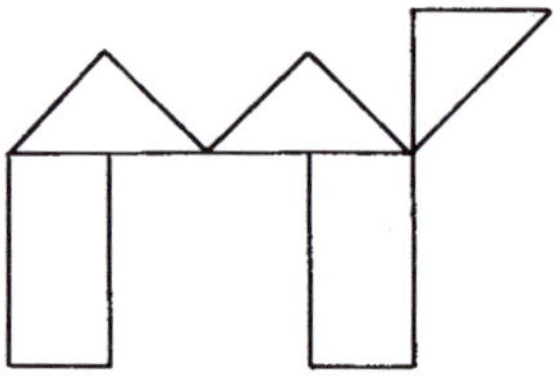
chameau

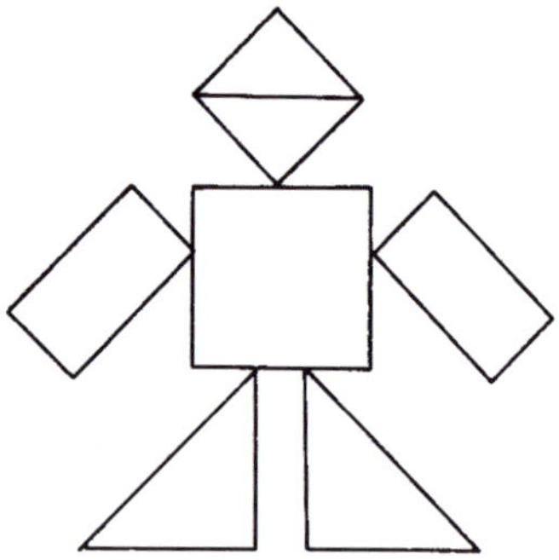
robot

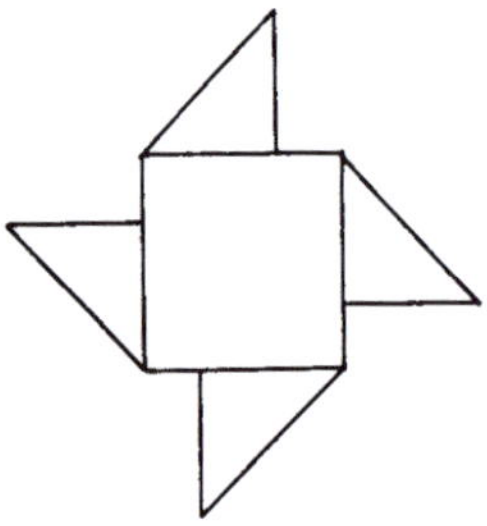
roue de moulin

M

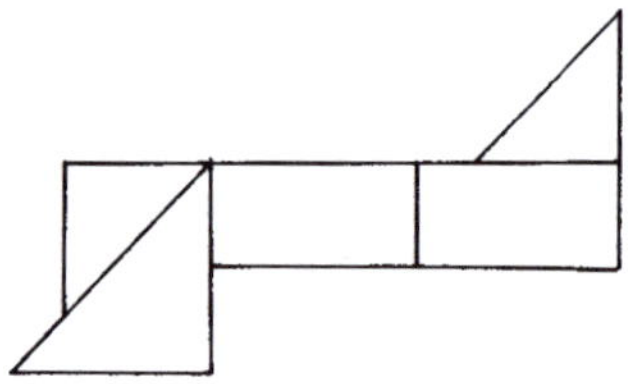
pistolet

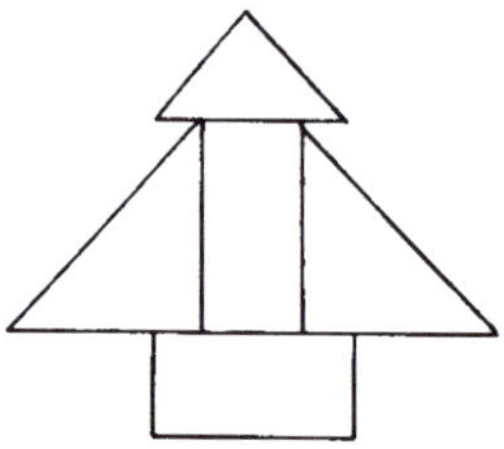
avion

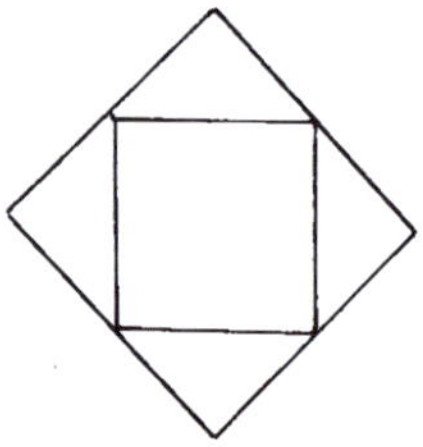
diamant

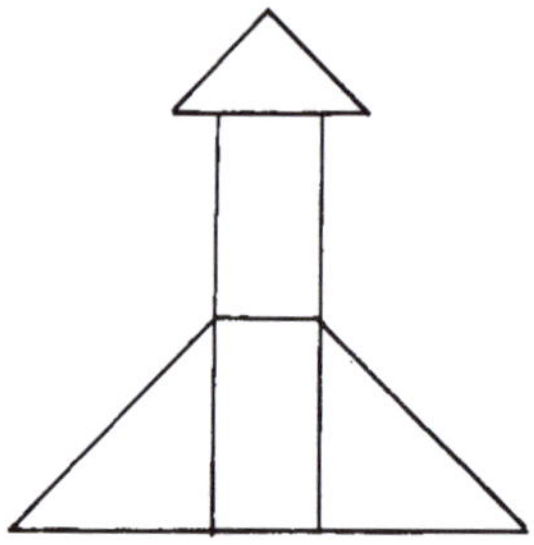
fusée

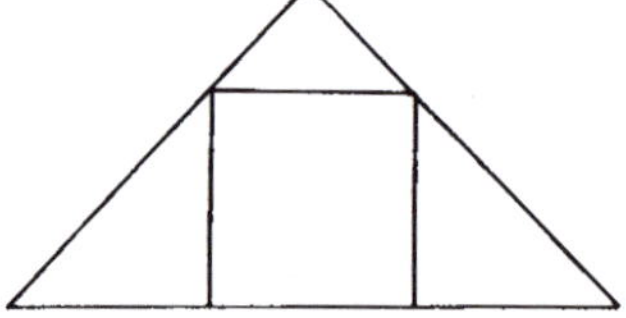
pyramide

Feuille de rédaction

Nom du rédacteur .... Date ....

Instructions :

....

....

....

....

....

....

....

....

....

Nom du lecteur ....

Nom du motif identifié : ....

Ou dessin du motif obtenu
(s'il ne figure pas parmi
les modèles proposés) :

EXPLIQUER ET COMPRENDRE

UN ITINÉRAIRE

OBJECTIFS PÉDAGOGIQUES

Entraîner les enfants à :

- utiliser un vocabulaire précis pour indiquer des directions ;
- se situer et s'orienter dans l'espace ;
- enchaîner logiquement des instructions pour constituer un itinéraire choisi ou imposé ;
- utiliser les locutions prépositionnelles ;
- écouter ou lire des explications pour suivre rigoureusement un itinéraire donné.

1 Exercice collectif de présentation

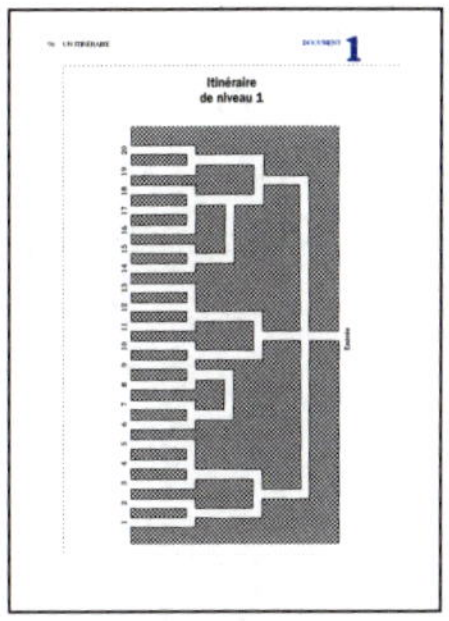

Doc 1, p. 98

Vous distribuez à chaque élève un exemplaire du document 1.

Vous préparez vingt petits papiers (ou jetons, etc.) numérotés de 1 à 20. Vous demandez à un volontaire de venir au tableau. Vous lui faites tirer un numéro (qui restera inconnu de la classe) et vous lui demandez d'expliquer à haute voix l'itinéraire menant de la case « Entrée », à la sortie portant le numéro qu'il a tiré. Laissez-lui une bonne minute de réflexion. Pendant l'explication, les élèves suivent les directives sur le document 1 en traçant le trajet indiqué au crayon à papier. La classe a reçu pour consigne d'écouter l'explication en silence et de n'interrompre son auteur sous aucun prétexte. Ceux qui sont « perdus » posent leur crayon et attendent la fin de l'explication. Ils pourront reprendre leur tracé lors de la phase de travail collectif.

Lorsque l'explication est terminée, on procède au relevé des réponses. Par quelle porte sommes-nous sortis ?

On note au tableau les numéros cités et le nombre de réponses pour chacun d'eux.

Le « bon » numéro est alors dévoilé à la classe. Combien y a-t-il de bonnes réponses ? Combien de réponses incorrectes ?

S'il y a des réponses incorrectes (abandons compris), on tâche d'en déterminer la cause.

L'explication a-t-elle été claire ? A-t-elle été trop rapide ?

On reprend alors collectivement l'itinéraire permettant de parvenir à la sortie manquée.

Suivant le niveau de la classe, on pourra recommencer cette activité avec un nouveau volontaire et un nouveau tirage.

Lorsque vous jugez les résultats satisfaisants, vous enchaînez avec la phase suivante.

2 Travail à deux

Les élèves disposent :
- du document 1 ;
- d'une feuille libre portant leur nom.

Chacun d'eux choisit un numéro de sortie (ou le tire au sort) et le note sur un cahier. Il rédige sur une feuille libre l'itinéraire correspondant.

Relecture : on encouragera volontiers les rédacteurs à suivre l'itinéraire qu'ils viennent d'expliquer en se conformant strictement à leurs propres instructions. Ils pourront ainsi en vérifier l'efficacité.
Quand cela est fait, les feuilles « Itinéraire » sont ramassées et distribuées au hasard (voir *RP 5*).
Les élèves, devenus lecteurs, doivent alors tracer au crayon à papier l'itinéraire indiqué. Ils notent le numéro de la sortie à laquelle ils sont parvenus en écrivant sous les instructions :
« Itinéraire suivi par .... Je suis arrivé(e) à la sortie n° .... »
ou « Je n'ai pas réussi à atteindre une sortie car .... »
Une fois les feuilles « Itinéraire » rendues aux rédacteurs, on note les résultats (voir *RP 4*).
Lors des premières séances, il sera probablement nécessaire de recourir à une phase de remédiation (voir *RP 7*).
Une fois cette activité terminée et suivant les résultats obtenus, vous pourrez poursuivre avec :
- le même document ;
- un document différent mais de même niveau (documents 2 à 5) ;
- un document de niveau supérieur (documents 6 à 9).

Le déroulement des séances suivantes reste comparable à celui décrit pour le document 1, page 98. On note cependant quelques modifications de fonctionnement.

3 Utilisation du document 2

▸ *Lors de la phase de présentation*

- L'élève choisit un domicile (nos 1 à 4 sur le plan). Il l'indique à la classe. Ce sera le point de départ de l'itinéraire.
- Il tire au sort une destination parmi les six proposées. Celles-ci pourront être motivées par une course à faire en ville. Les papiers du tirage porteront alors le nom d'une denrée ou d'un article à acheter (par exemple : pain, journal, crevettes, bifteck, café, pellicule-photo).

▸ *Lors du travail à deux*

- Le rédacteur colorie sur le plan le numéro du domicile de départ.
- Il choisit une destination et rédige l'itinéraire permettant de l'atteindre (sans mentionner le nom de la boutique).
- Le lecteur colorie la boutique à laquelle l'itinéraire l'a conduit.

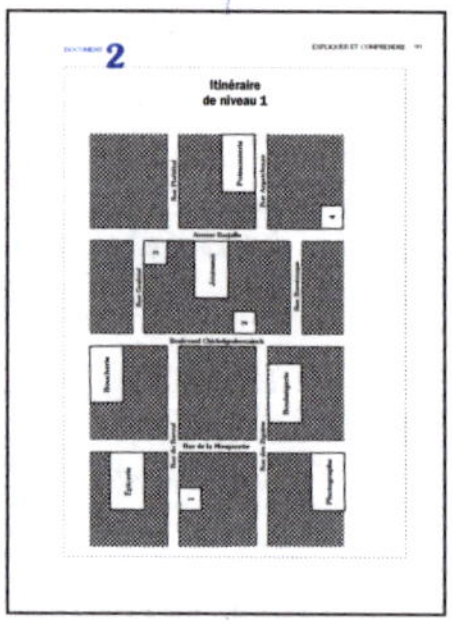

Doc 2, p. 99

4 Utilisation du document 3

▸ *Lors de la phase de présentation*

Vous animez vous-même la séance en racontant l'histoire ci-dessous.

« Un trésor a été caché dans cette forêt. Il est dissimulé sous un des symboles représentés sur le plan. (Vous laissez les élèves observer et commenter le plan pendant quelques minutes.) Pour identifier ce symbole, vous allez tracer au crayon l'itinéraire que je vais vous indiquer.

Vous partez du puits. Vous vous dirigez vers la chapelle et vous continuez jusqu'à la maison. Vous prenez ensuite la direction du gros arbre mort. De là, vous allez jusqu'au gros rocher puis vers la tour.

Votre tracé représente l'un des symboles qui figurent sur le plan. Où se trouve-t-il ? C'est là que le trésor est caché. »

Vous vous assurez que les élèves ont bien compris le principe de cette activité en reprenant au besoin un second exemple.

Vous passez ensuite directement à la phase de travail à deux.

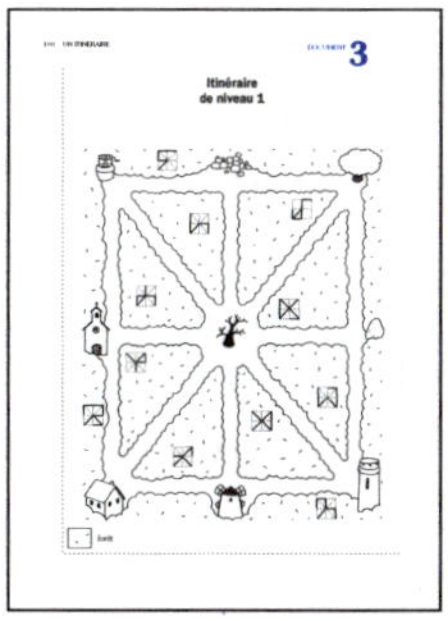

Doc 3, p. 100

Symbole obtenu :

▸ *Lors du travail à deux*

- Le rédacteur rédige l'itinéraire représentant le symbole de son choix.
- Le lecteur colorie le symbole sous lequel se trouve le trésor.

5 Utilisation des documents 4 et 5

▸ *Lors de la phase de présentation*

Vous avez distribué à chaque élève de la classe une photocopie du document 5 (plan sans routes). Vous demandez à un volontaire de venir au tableau. Vous lui donnez le document 4 (plan avec routes). Il ne doit pas le montrer au reste de la classe.

Son travail consiste à faire reconstituer le réseau routier par l'ensemble de la classe.

Laissez-le faire comme bon lui semble, même si sa démarche ne vous paraît pas la plus efficace.

Les élèves tracent les routes au fur et à mesure des explications qui leur sont données.

Si le guide est en difficulté, vous pouvez lui suggérer de procéder par route en indiquant son numéro (D 95, N 8, etc.).

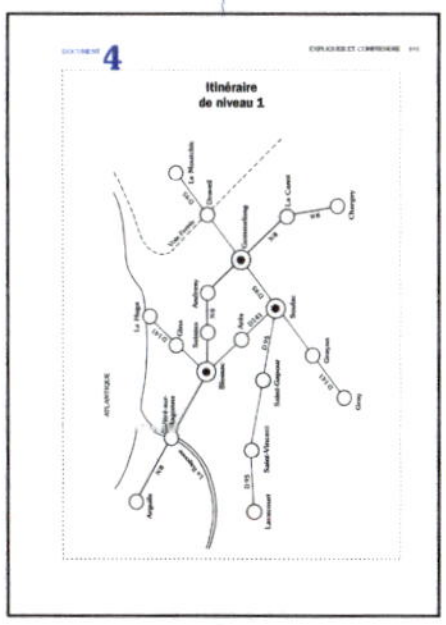

Doc 4, p. 101

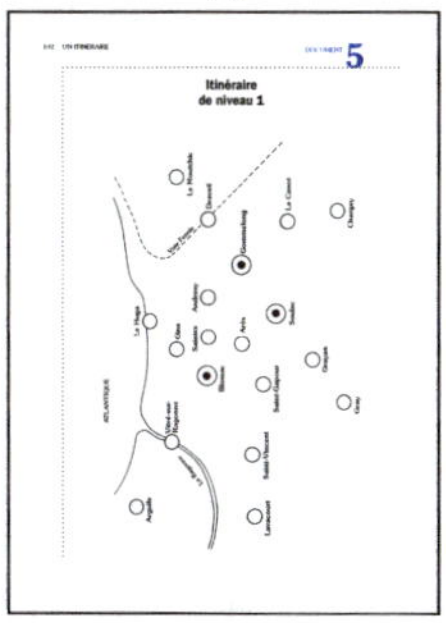

Doc 5, p. 102

Une fois l'explication terminée, on compare le plan-modèle avec les plans réalisés par les élèves. Y en a-t-il beaucoup d'incorrects ? Pourquoi ? On recherche collectivement la meilleure façon de procéder. Suivant les résultats obtenus, on peut recommencer l'exercice en utilisant un plan-modèle différent, que vous aurez vous-même tracé sur le plan sans routes.
Lorsque les élèves ont bien compris le principe de cette activité, vous passez à la phase de travail à deux.

▸ *Lors du travail à deux*

- Le rédacteur crée son propre réseau routier sur un document 5. Il a pour consigne de ne laisser aucune localité isolée. Il rédige ensuite les explications permettant de reconstituer l'itinéraire de chaque route.
- Le lecteur trace le réseau routier d'après les itinéraires indiqués.
- Les réseaux « rédacteur » et « lecteur » sont ensuite superposés pour être comparés. Si les deux tracés ne sont pas identiques, le texte du rédacteur permettra, lors du contrôle de conformité, de déterminer si les différences constatées sont dues à une mauvaise rédaction ou à une mauvaise lecture (voir *RP 7*).

6 Utilisation du document 6

Vous indiquerez aux élèves que l'action se passe dans une mystérieuse cité inca. (Pourquoi pas ?)

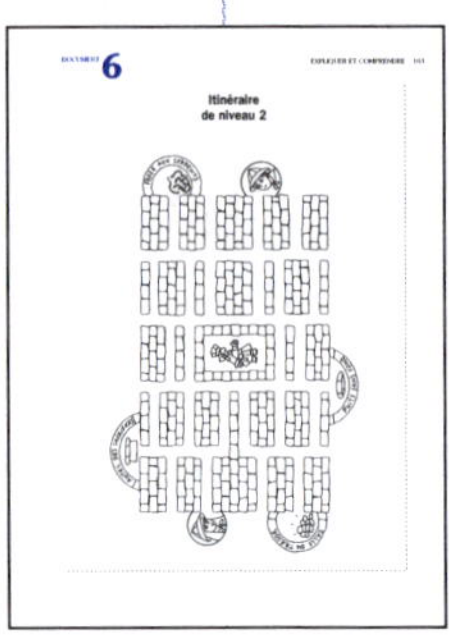

Doc 6, p. 103

▸ *Lors de la phase de présentation*

- L'élève choisit un explorateur (le garçon ou la fille). Il l'indique à la classe. Ce sera le point de départ de l'itinéraire.
- Il choisit une destination parmi les quatre proposées (autel des sacrifices, fosse aux serpents, puits sans fond et salle du trésor) sans la préciser à la classe. Il explique l'itinéraire menant à cette destination.

▸ *Lors du travail à deux*

- Le rédacteur colorie sur le plan l'explorateur utilisé.
- Il choisit une destination et rédige l'itinéraire permettant de l'atteindre.
- Le lecteur colorie la destination à laquelle l'itinéraire l'a conduit.

7 Utilisation du document 7

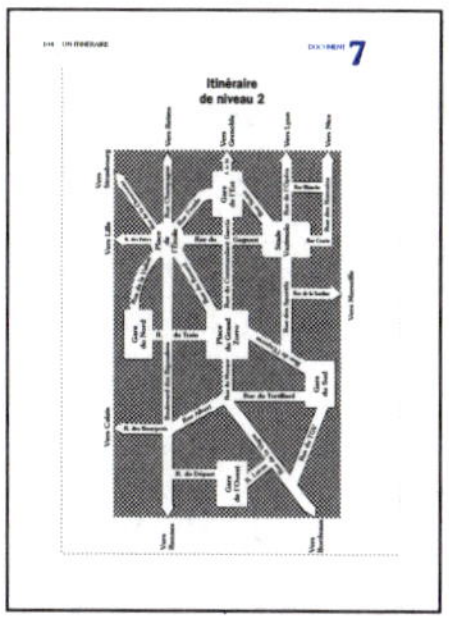
Doc 7, p. 104

Vous indiquerez aux élèves qu'ils ont pour mission de diriger une famille de touristes étrangers vers une des sorties de la ville. Mais laquelle ? Il s'agira de celle figurant sur le papier qu'ils tireront au sort.
Vous aurez préparé dix papiers portant les destinations suivantes : Bordeaux, Rennes, Calais, Lille, Strasbourg, Reims, Grenoble, Lyon, Nice, Marseille.

▸ *Lors de la phase de présentation*

- L'élève choisit une des quatre gares comme point de départ de l'itinéraire. Il l'indique à la classe.
- Il tire au sort une destination parmi les dix proposées (sans l'indiquer à la classe). Il donne oralement à celle-ci les explications permettant d'atteindre la sortie tirée au sort.

▸ *Lors du travail à deux*

- Le rédacteur colorie sur le plan la gare de départ.
- Il choisit ou tire au sort une sortie et rédige l'itinéraire permettant de l'atteindre.
- Le lecteur entoure la sortie de la ville à laquelle l'itinéraire l'a conduit.

8 Utilisation du document 8

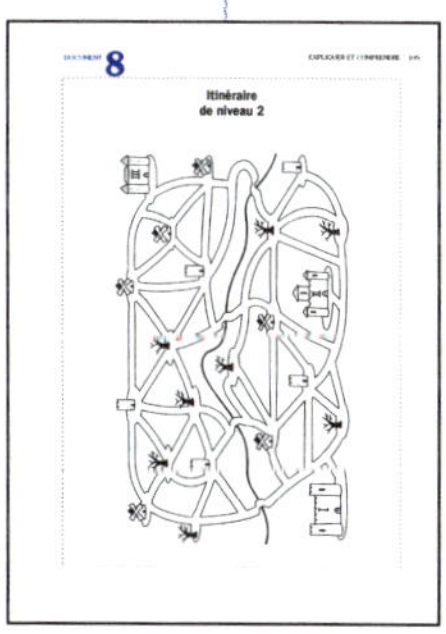
Doc 8, p. 105

▸ *Lors de la phase de présentation*

Vous présentez la règle du jeu en racontant l'histoire suivante :
« Vous avez caché un trésor quelque part dans cette forêt. Peut-être au pied d'un arbre, d'un moulin ou d'une tour ? Vous devez rédiger un itinéraire pour expliquer à l'un de vos amis où se trouve ce trésor. Le départ a lieu de l'un des trois châteaux.
Attention, la valeur de votre trésor dépend de votre itinéraire. Il s'enrichit d'une pièce d'or à chaque fois que vous utilisez le mot « moulin », « tour » ou « arbre » dans votre explication.
Vous devez donc :
- choisir votre château de départ et le décrire de telle façon que votre ami puisse l'identifier ;

- choisir avec grand soin l'endroit où vous allez cacher votre trésor (sans l'indiquer sur la carte !) ;
- rédiger l'itinéraire qui permettra à votre ami de le retrouver ;
- compter combien de pièces d'or constituent votre trésor.

Attention, plus votre itinéraire sera long, plus votre trésor sera important !

Vous vous assurez que les élèves ont bien compris la règle du jeu. Vous passez ensuite directement à la phase de travail à deux.

▸ *Lors du travail à deux*

- Le rédacteur rédige l'itinéraire menant au trésor. Il indique le nombre de pièces d'or qu'il contient.
- Le lecteur colorie le dessin (moulin, tour ou arbre) au pied duquel se trouve le trésor auquel l'a mené l'itinéraire.
- Rédacteur et lecteur vérifient que l'emplacement trouvé correspond bien à l'emplacement choisi. Si ce n'est pas le cas, le trésor est perdu. Si l'emplacement est correct, rédacteur et lecteur se partagent les pièces d'or.

On pourra multiplier les parties, chaque élève tenant une comptabilité des pièces d'or qu'il a ainsi récoltées.

9 Utilisation du document 9

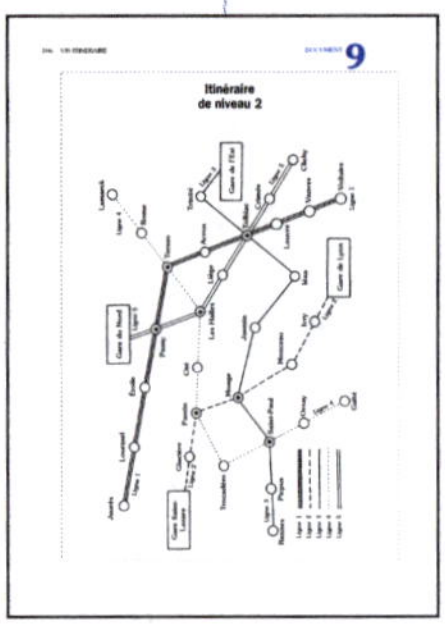

Doc 9, p. 106

▸ *Lors de la phase de présentation*

Vous avez reproduit et découpé les vignettes en page suivante.

Vous distribuez une photocopie du plan à vos élèves. Vous leur présentez le principe de fonctionnement de ce plan (numéros de lignes, stations, directions, changements, etc.). Vous précisez toutefois que ce plan est une version très simplifiée et quelque peu fantaisiste du plan de métro parisien.

Vous appelez un volontaire au tableau. Vous lui demandez de choisir une gare de départ parmi les quatre figurant sur le plan.

Vous lui faites tirer une destination parmi les six monuments à visiter. Cette destination reste inconnue de la classe. L'élève doit diriger ses camarades de la gare de départ au monument tiré au sort.

Le reste de la classe suit sur le plan le chemin parcouru au fur et à mesure des explications.

Lorsque l'explication est terminée, on vérifie que tous sont arrivés à la même station. Avons-nous emprunté le trajet le plus simple ? Quelqu'un peut-il proposer un trajet différent ?
Vous répétez l'exercice avec un autre volontaire et une autre destination.
Vous vous assurez que les élèves ont bien compris la règle du jeu. Vous passez ensuite à la phase de travail à deux.

Lors du travail à deux

- Un élève (jouant le rôle d'un touriste égaré) colorie sur son plan la gare de départ et la station d'arrivée de son choix.
- Les feuilles sont ramassées et distribuées au hasard.
- Chaque élève doit alors rédiger sur une feuille blanche l'itinéraire permettant au touriste de rallier la gare de départ et la destination choisies.

Les itinéraires rédigés reviennent aux touristes qui tracent les chemins indiqués pour en vérifier l'utilité.

Vignettes à découper

DOCUMENT **1**

Itinéraire de niveau 1

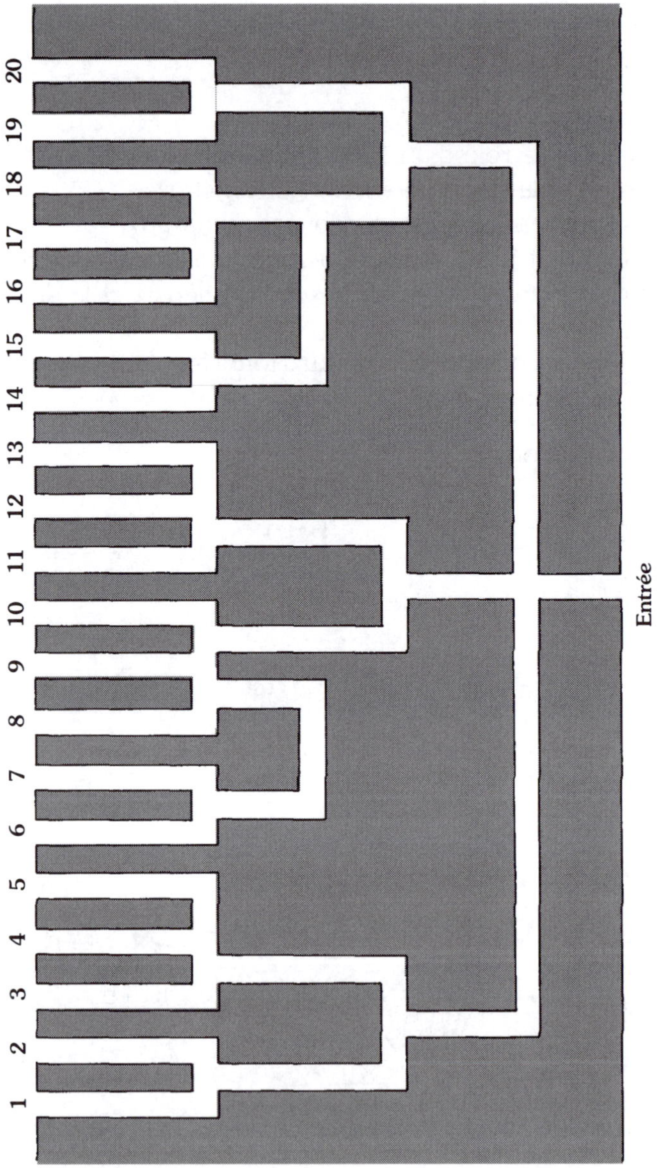

Itinéraire de niveau 1

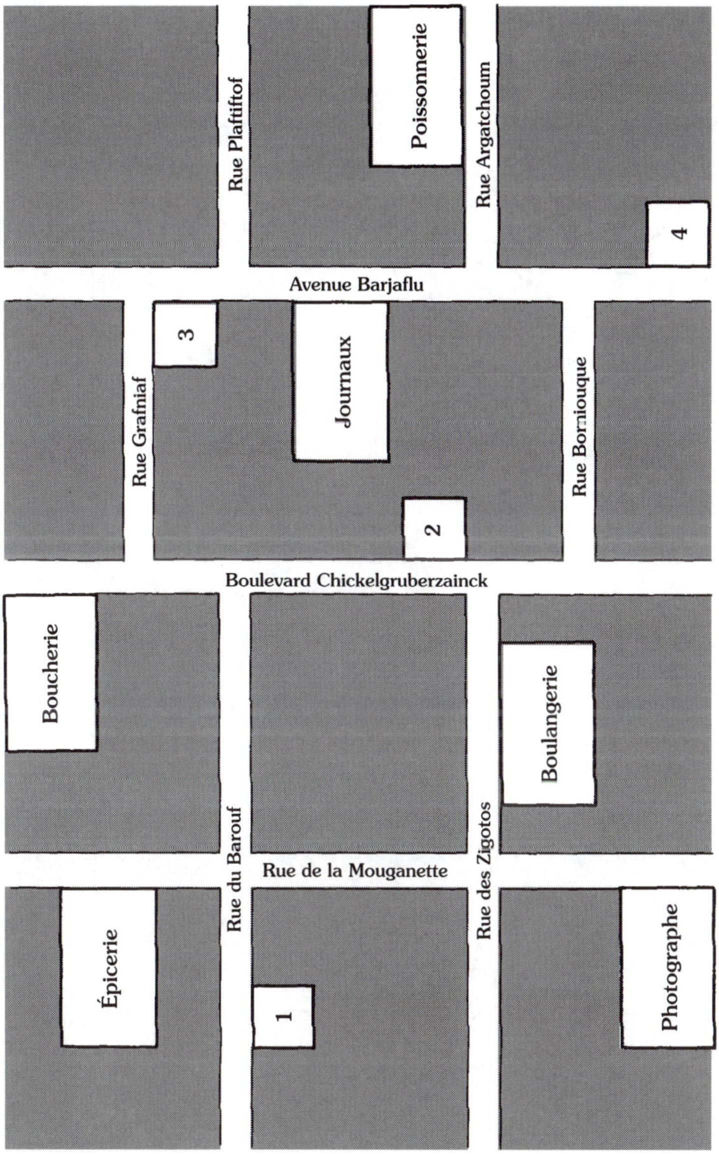

DOCUMENT 3

Itinéraire de niveau 1

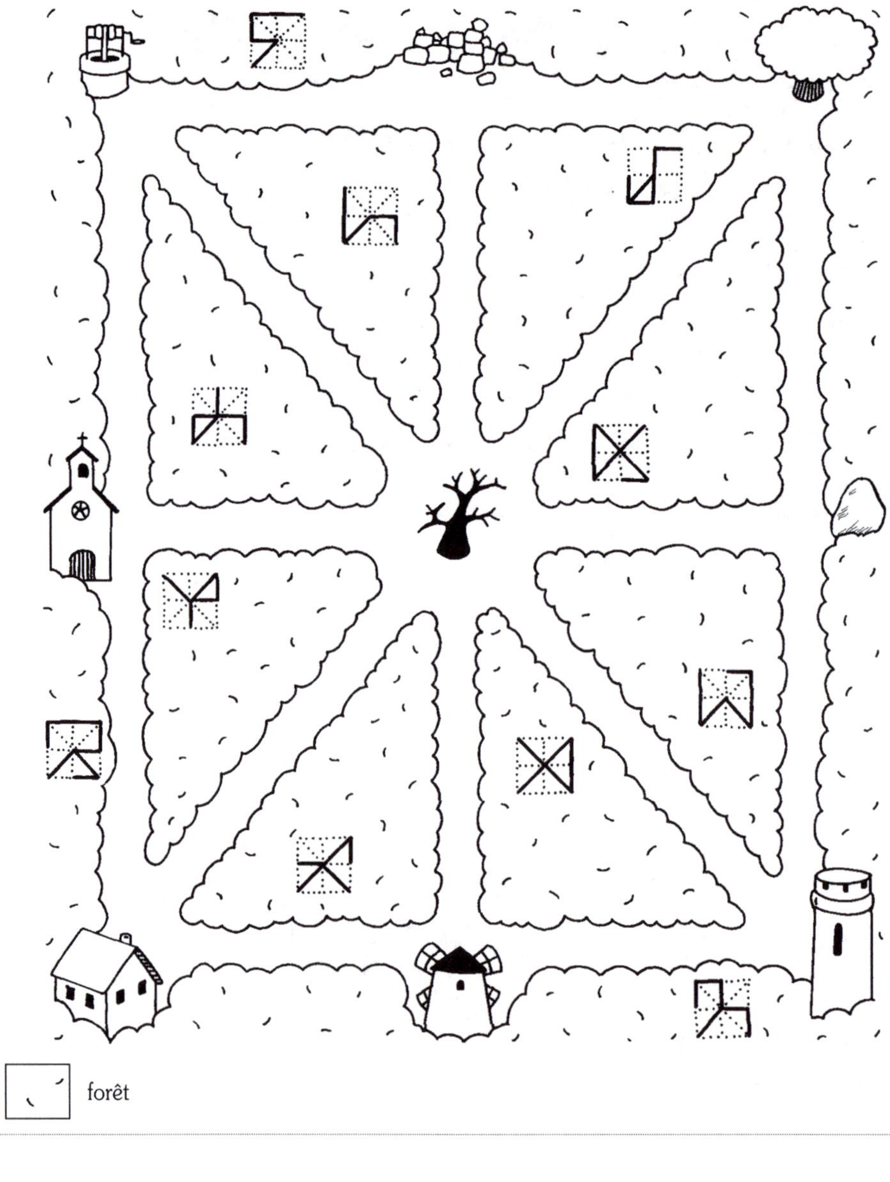

Itinéraire de niveau 1

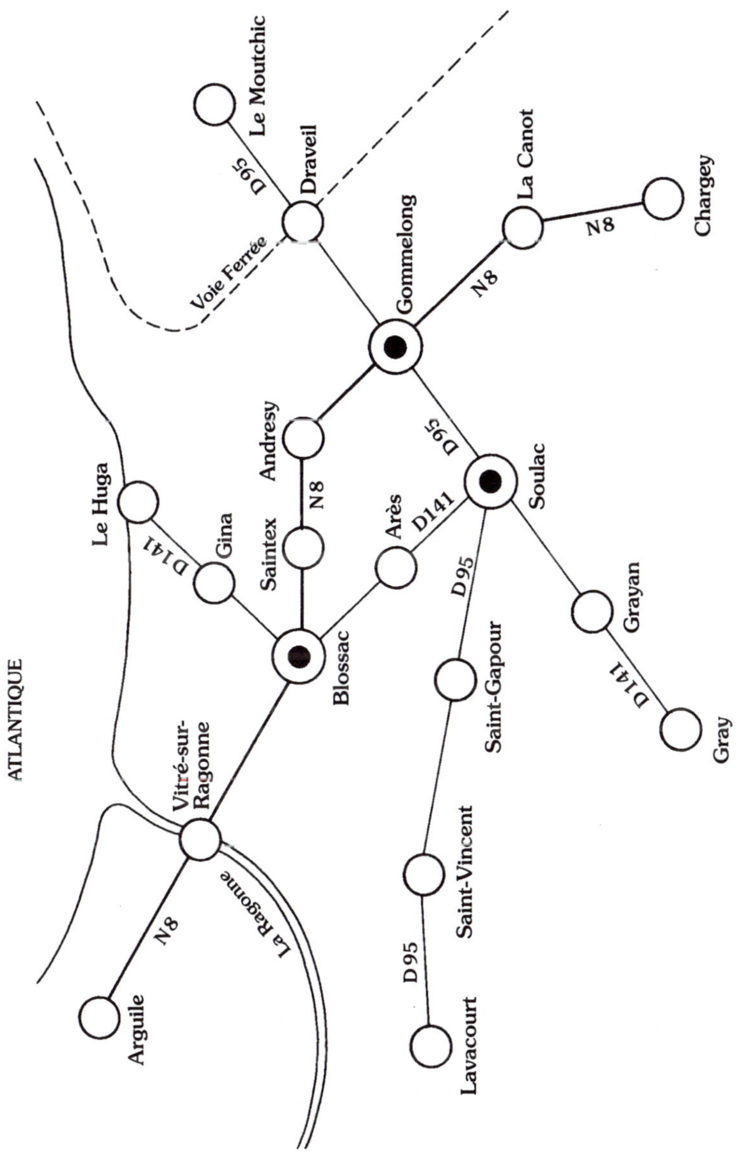

Itinéraire de niveau 1

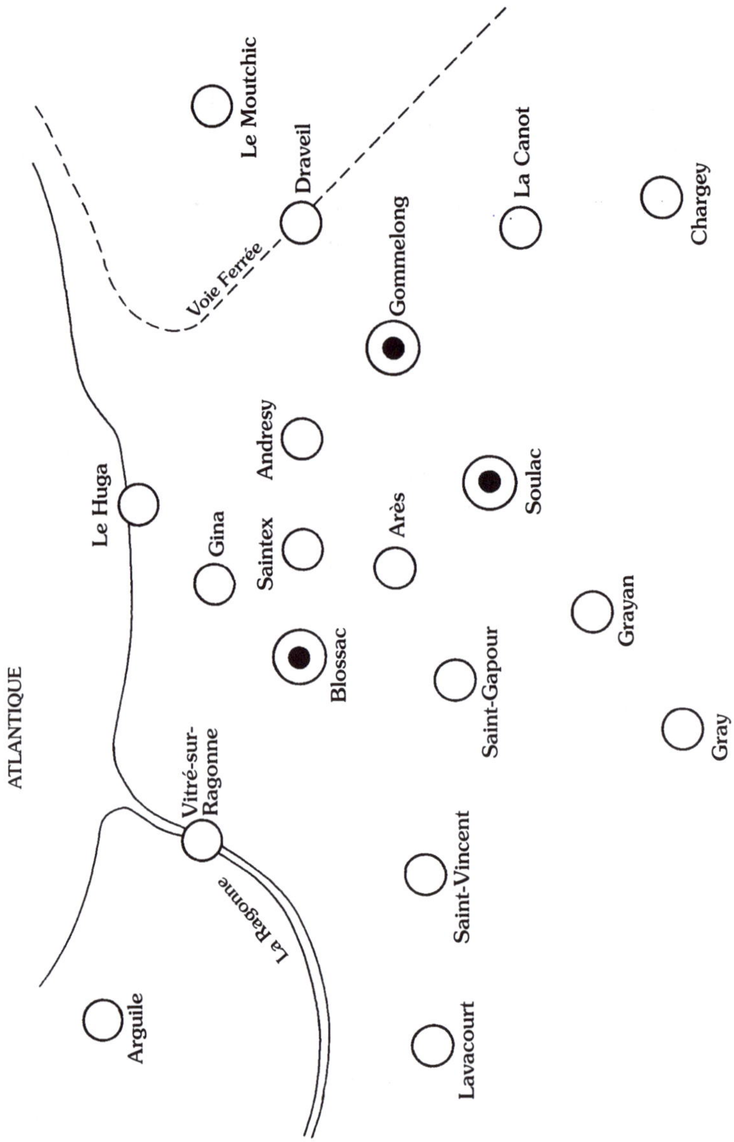

Itinéraire de niveau 2

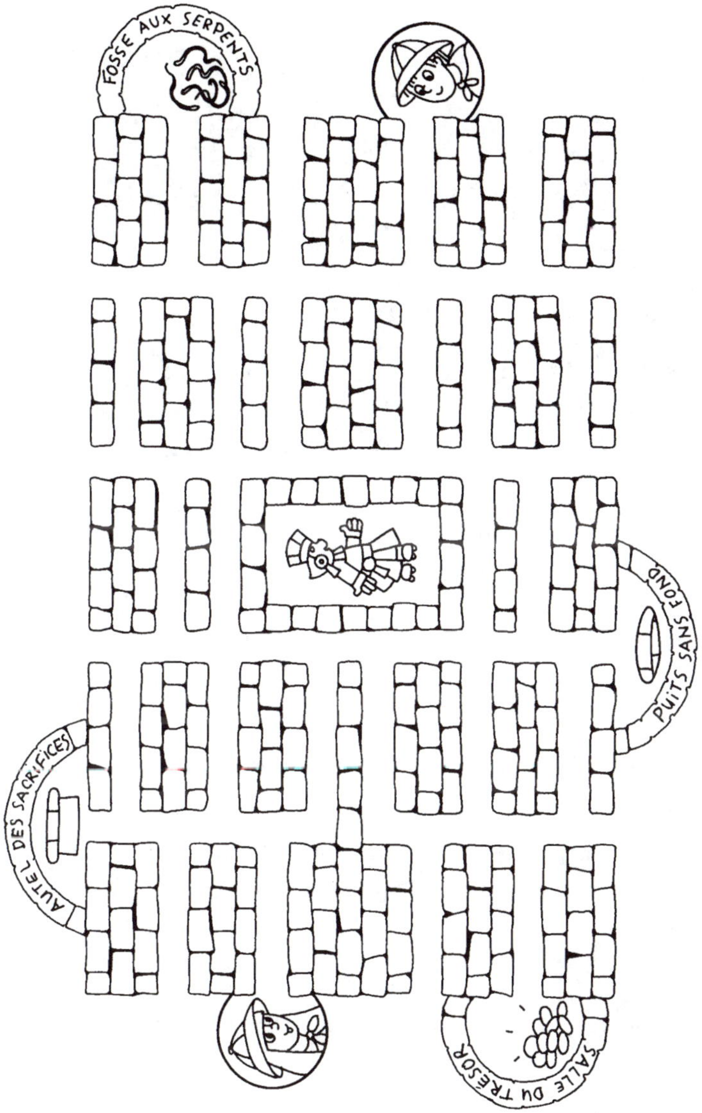

Itinéraire de niveau 2

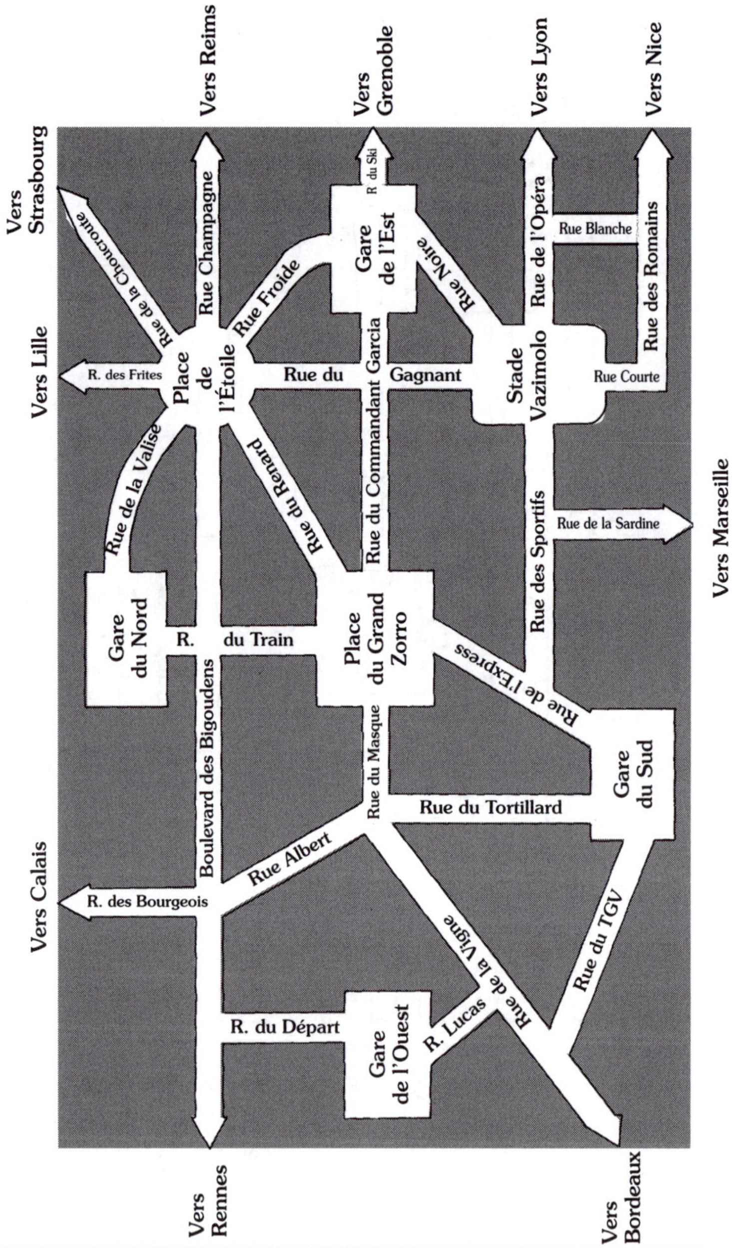

Itinéraire de niveau 2

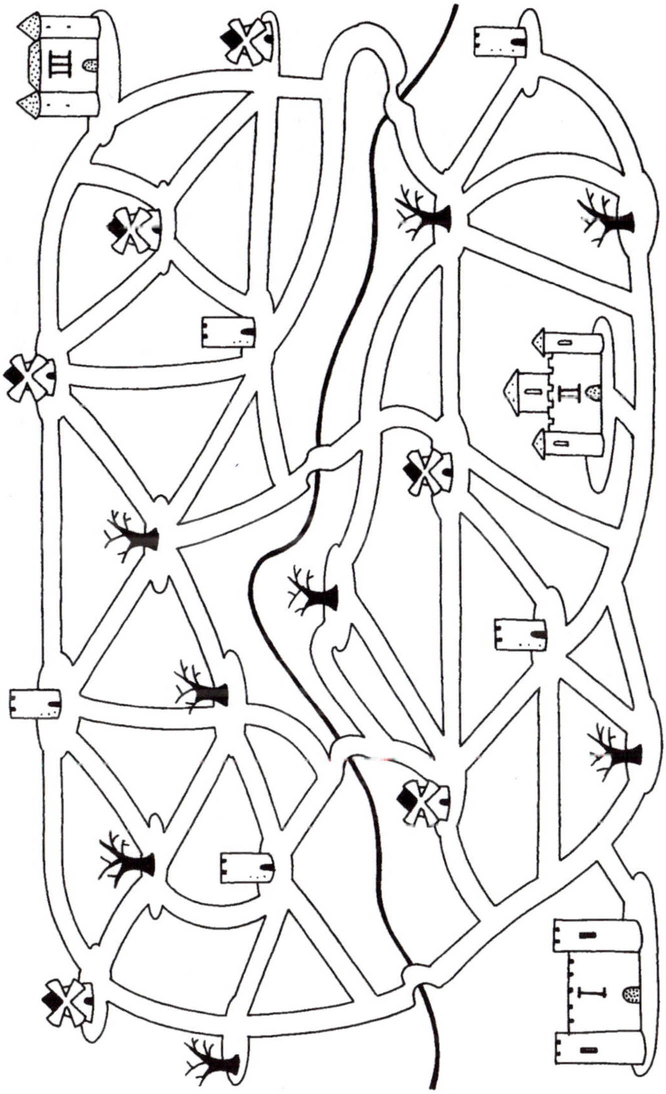

Itinéraire de niveau 2

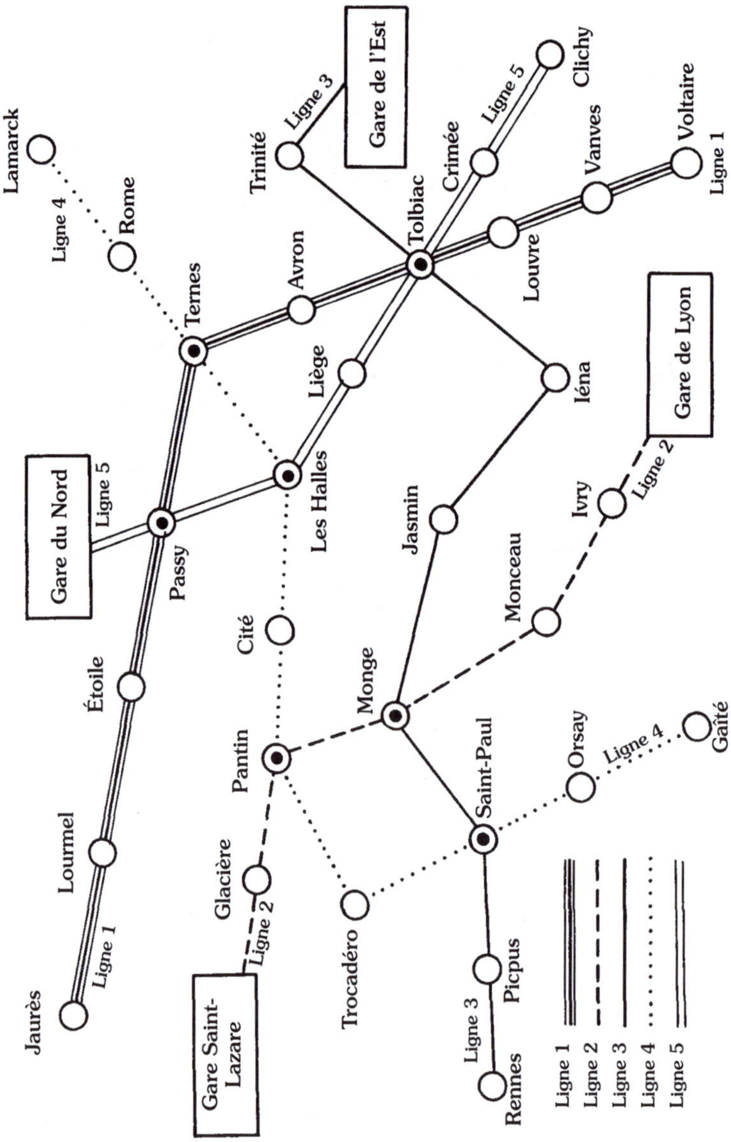

CHAPITRE 4

EXPLIQUER ET COMPRENDRE

LE DÉROULEMENT D'UN ÉVÉNEMENT

OBJECTIFS PÉDAGOGIQUES

Entraîner les élèves à :

- imaginer les étapes successives aboutissant à un incident (un accident) impliquant un ou plusieurs éléments ;
- rédiger un témoignage de cet incident/accident en tenant compte :
  - du choix des éléments impliqués,
  - de leurs déplacements dans l'espace,
  - de la topographie/toponymie des lieux.
- lire silencieusement le témoignage écrit d'un camarade et décider des pauses à ménager lors de sa lecture à voix haute afin de faciliter les étapes successives de la reconstitution/manipulation ;
- restituer oralement le témoignage en respectant les pauses prévues ;
- comprendre les informations communiquées et les concrétiser en manipulant sur un plan ;
- élaborer et utiliser une grille de relecture en fonction d'objectifs d'écriture précis.

1 Exercice collectif de présentation

Cette activité nécessite un minimum de matériel. Nous nous sommes efforcés de vous en fournir l'essentiel dans les pages suivantes.

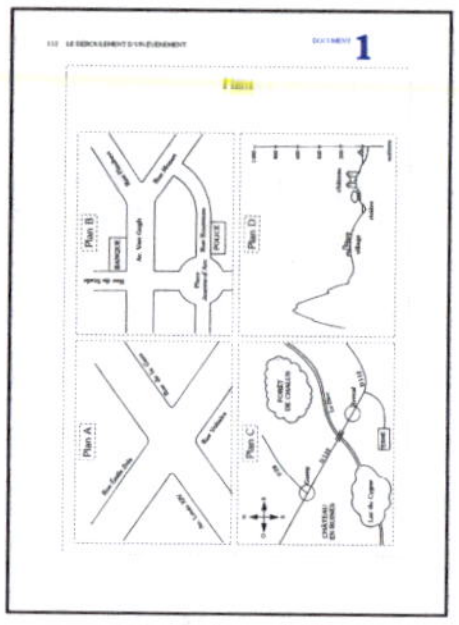

Doc 1, p. 113

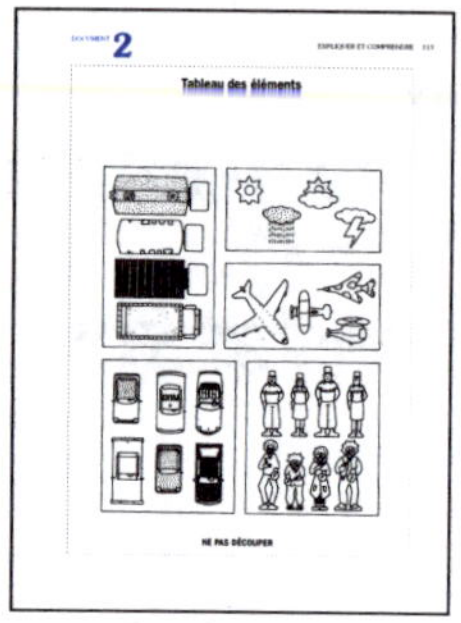

Doc 2, p. 114

Vous aurez besoin de :

- un plan de grand format, sur le modèle du plan A présenté dans le document 1 ;
  (Suivant le niveau de votre classe vous pourrez y ajouter les détails de votre choix – signalisation routière, par exemple. Vous pouvez aussi, si vous le désirez, utiliser un plan différent – carrefour connu de vos élèves, par exemple.)
- une photocopie du document 2 pour chaque élève ;
- les documents 3 et 4 (en un seul exemplaire) ; si possible, coller les éléments sur un carton assez résistant avant de les découper. Ils seront utilisés pour la manipulation au tableau.
  Le plan est affiché à la vue de tous. Les éléments découpés sont à portée de main.
  Chaque élève dispose du document 2 sur lequel ces éléments sont reproduits à une échelle plus petite.
  Ces éléments ne sont pas destinés à être découpés. Ils permettront aux rédacteurs de décrire avec précision les véhicules et personnages impliqués.

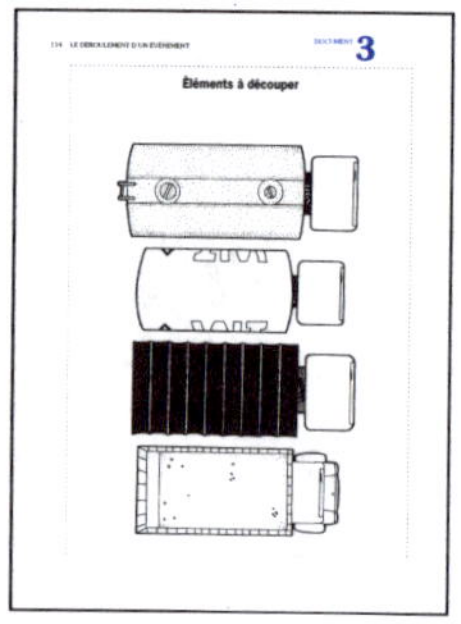

Doc 3, p. 115

Doc 4, p. 116

Vous expliquez aux enfants qu'un accident va se produire entre deux véhicules, au carrefour représenté sur le plan. Ils doivent :

- choisir les véhicules impliqués parmi ceux dont ils disposent ;
- imaginer les circonstances de l'accident en le situant sur le plan ;
- donner un témoignage de cet accident en décrivant les deux véhicules impliqués, ainsi que leurs déplacements sur le plan.

▸ *Travail oral collectif*

Un élève vient au tableau. C'est le manipulateur. Il est chargé de faire évoluer les véhicules sur le plan en fonction des indications orales qui vont lui être communiquées.

Dans la classe, un volontaire fournit oralement le témoignage de l'accident qu'il vient d'imaginer.

Le manipulateur opère, sans y apporter de modifications, les choix et déplacements correspondants aux indications du témoin. Il s'arrêtera dès qu'une information lui fera défaut.
Par exemple : de quel camion s'agit-il ? Dans quelle rue se trouvait la voiture ?
Un exemple de témoignage « fiable » est ainsi élaboré collectivement. Les élèves pourront par la suite le rédiger individuellement. Son degré de précision dépendra du niveau de votre classe.

2 Travail écrit individuel

Chaque élève doit maintenant rédiger le témoignage correspondant à l'accident qu'il aura lui-même imaginé. Cet accident aura lieu sur le plan affiché au tableau. Le rédacteur doit garder à l'esprit que son témoignage doit permettre une reconstitution fidèle de l'accident.

Une fois son texte rédigé, il en vérifie la fiabilité en cochant chaque case de la grille de relecture ci-dessous.

Exemple de grille de relecture

1. Je relis mon texte et je coche les cases correspondant aux informations que j'ai données dans mon témoignage.

	Véhicule A	Véhicule B
La description		
La position de départ		
Le déplacement		
Le lieu de l'accident		
La partie endommagée		

2. Je complète mon texte en y ajoutant les informations que j'ai oubliées.
3. Je vérifie que toutes les cases sont cochées avant de rendre mon texte.

Une fois les textes rédigés, vous les ramassez pour évaluer :
- la fiabilité du témoignage ;
- la qualité orthographique et grammaticale de la rédaction.

En ce qui concerne la fiabilité du témoignage, vous pourrez juger par vous-même, en fonction des résultats, de la nécessité de répéter la phase de présentation collective (rédaction d'un témoignage type).
En ce qui concerne l'orthographe lexicale et grammaticale, vous pourrez, à partir des erreurs les plus fréquentes (le choix ne devrait pas vous manquer !), organiser plus tard les séances de remédiation collectives ou individuelles appropriées (voir *RP 3*).
Vous profitez de votre lecture/évaluation pour sélectionner un témoignage fiable et deux témoignages incomplets. Vous les utiliserez lors d'une séance d'exploitation collective.

3 Exploitation des textes

▸ *Exploitation collective de deux ou trois textes*

Vous choisissez un des textes parmi les trois que vous avez retenus et vous demandez à deux volontaires (un lecteur et un manipulateur) de venir au tableau. Vous prendrez soin de refuser les services de l'auteur du texte sur lequel vous allez travailler !

- Le lecteur lit le témoignage choisi en ménageant des pauses.
- Le manipulateur reconstitue progressivement l'accident sur le plan à l'aide des éléments découpés.

Les défauts de fiabilité sont ainsi mis en évidence, commentés et corrigés oralement par l'ensemble de la classe.
Les rédacteurs de témoignages incomplets sont invités à améliorer leur texte par la suite (voir *RP 7*).

▸ *Exploitation par atelier des textes restants*

Le plan et les éléments découpés sont disposés dans un coin de la classe. On y trouve également l'ensemble des textes encore non exploités.
Les élèves s'y rendent par deux (un lecteur et un manipulateur) et choisissent un témoignage dont ils ne sont pas l'auteur. Ils reconstituent l'accident décrit. S'ils y parviennent, ils ajoutent la mention « témoignage fiable » au bas du texte.
S'ils n'y parviennent pas, ils dressent la liste des informations qui leur ont fait défaut.
Lorsque les témoignages ont été ainsi éprouvés, ils sont rendus à leurs auteurs qui y apportent les améliorations recommandées.

Séances à partir d'autres supports

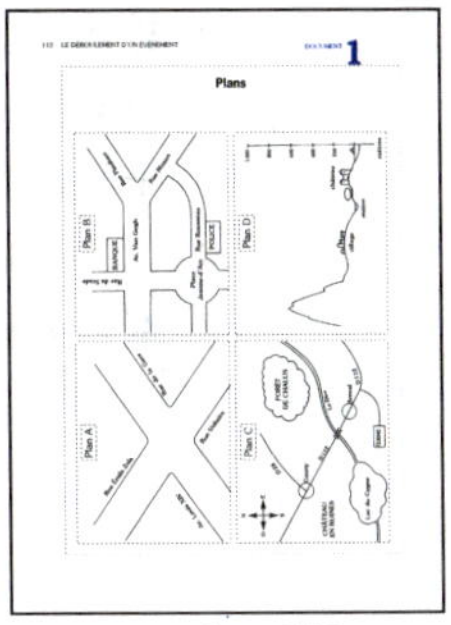

Doc 1, p. 113

Vous pouvez réaliser le même travail à partir des plans B, C et D figurant sur le document 1.
Le déroulement de ces activités sera semblable à celui décrit précédemment.
Pour permettre les manipulations (au tableau ou en ateliers), vous devrez toutefois :
- reproduire le plan choisi à une grande échelle ;
- découper les éléments nécessaires (documents 3 à 7, pages 113 à 119) après les avoir doublés de carton.

Utilisation du plan B

Les élèves sont cette fois-ci témoins d'un hold-up.
Pour organiser leur témoignage, ils doivent :
- choisir des personnages et des véhicules sur le document 2 (leur nombre pourra varier en fonction du niveau de la classe) ;
- enchaîner leurs déplacements sur le plan du quartier ;
- déterminer et indiquer le lieu de l'arrestation ou la voie empruntée par les malfaiteurs dans leur fuite.

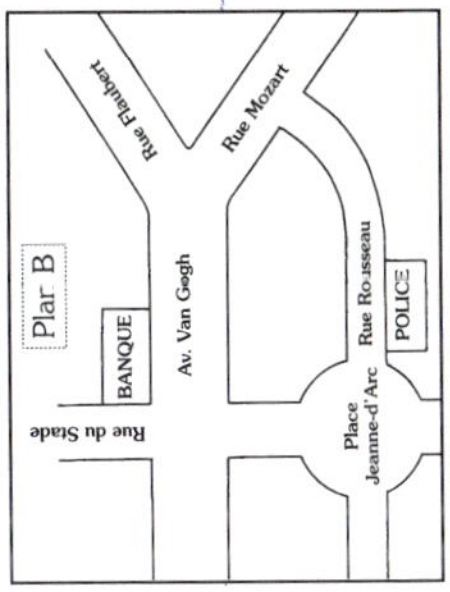

Plan B, doc 1.

Utilisation du plan C

Les élèves sont témoins de la chute ou de l'atterrissage forcé d'un engin volant.
Pour organiser leur témoignage, ils doivent :
- choisir l'engin volant sur le document 2 ;
- choisir les conditions météo sur le document 2 ;
- indiquer la zone d'entrée de l'engin volant sur le plan ;
- expliquer la trajectoire plus ou moins complexe de l'engin (en utilisant les indications portées sur la carte et l'orientation par points cardinaux suivant le niveau de la classe) ;
- préciser le lieu de la chute ou de l'atterrissage forcé de l'appareil.

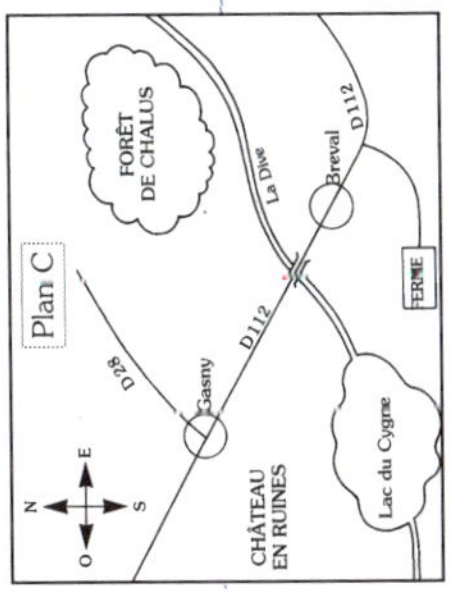

Plan C, doc 1.

Utilisation du plan D

Même fonctionnement que pour le plan C. On utilisera de préférence l'hélicoptère.

Les enfants utilisent cette fois-ci un système de repérage différent pour indiquer les déplacements de l'hélicoptère (indication des lieux survolés et tranches d'altitude représentées par l'axe vertical).

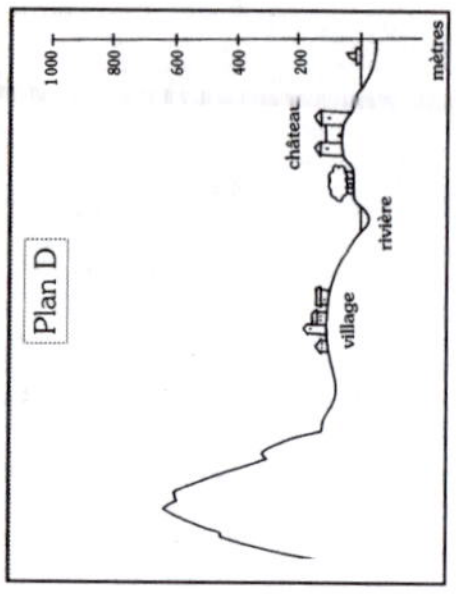

Plan D, doc 1.

Plans

Plan A

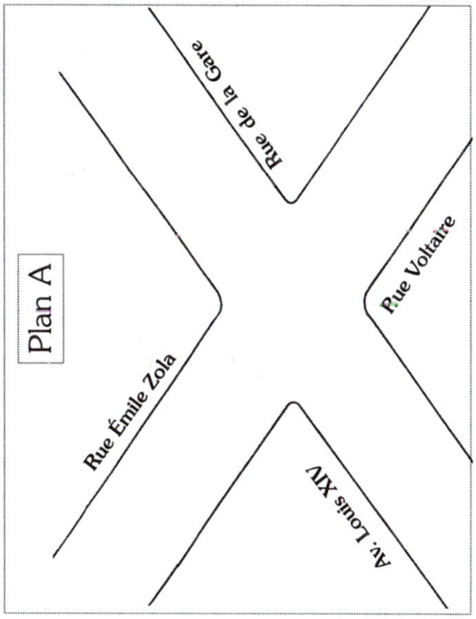

Plan B

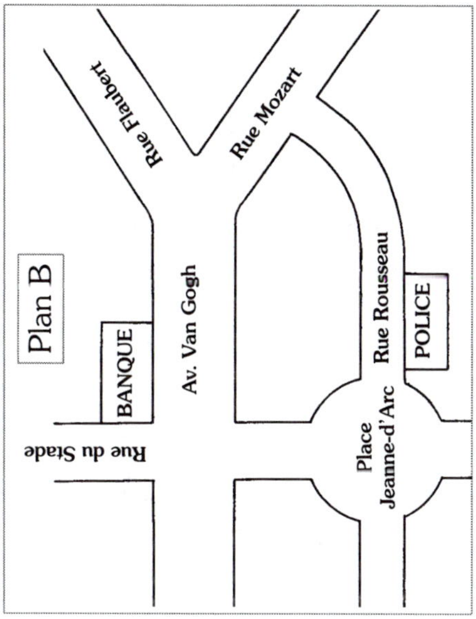

Plan C

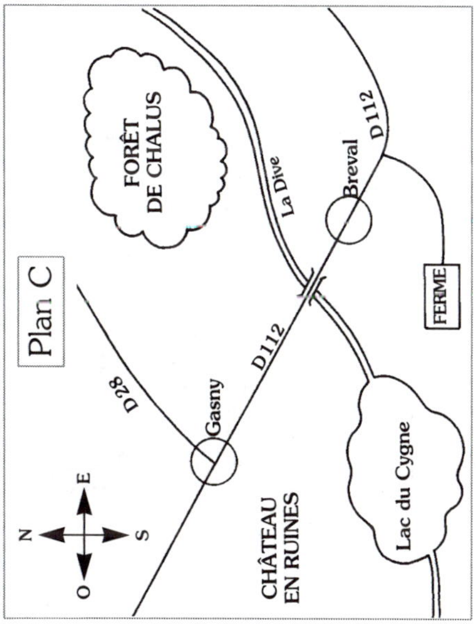

Plan D

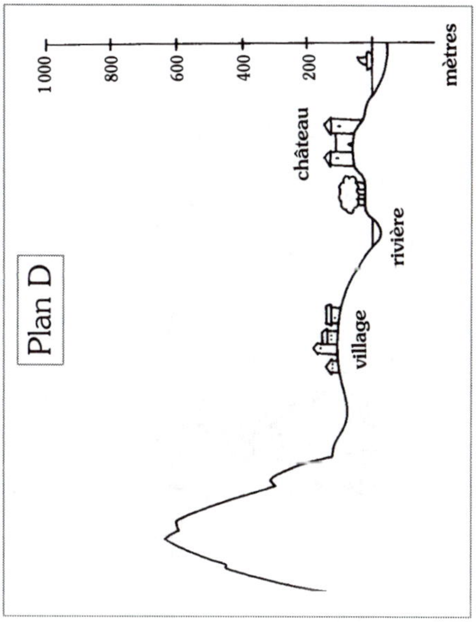

DOCUMENT 2

Tableau des éléments

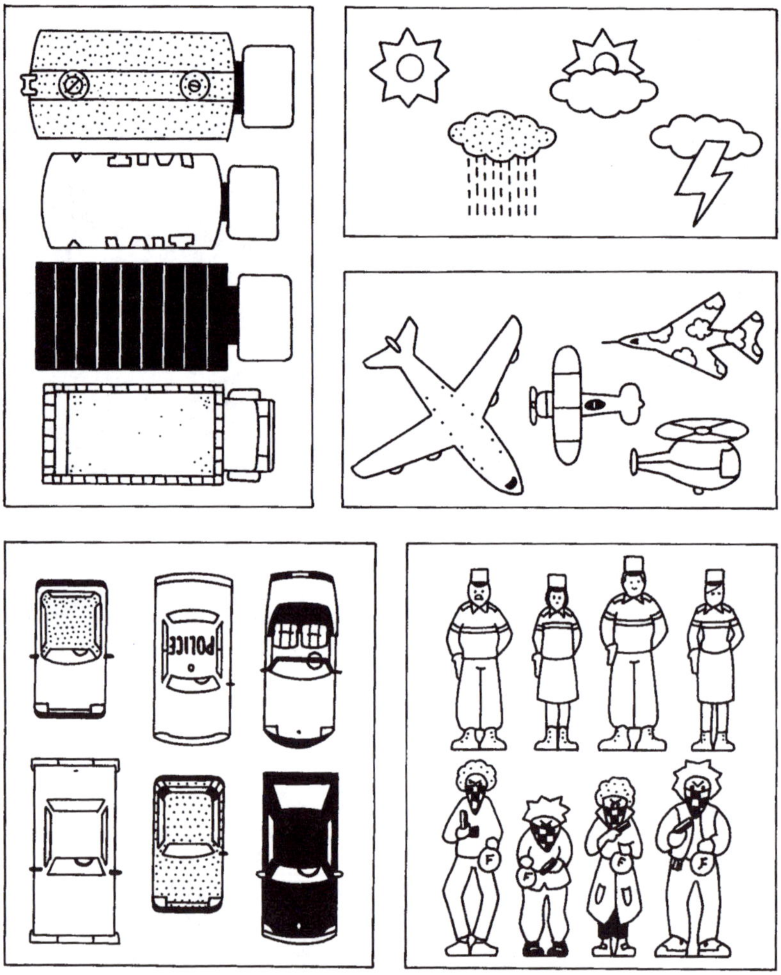

NE PAS DÉCOUPER

Éléments à découper

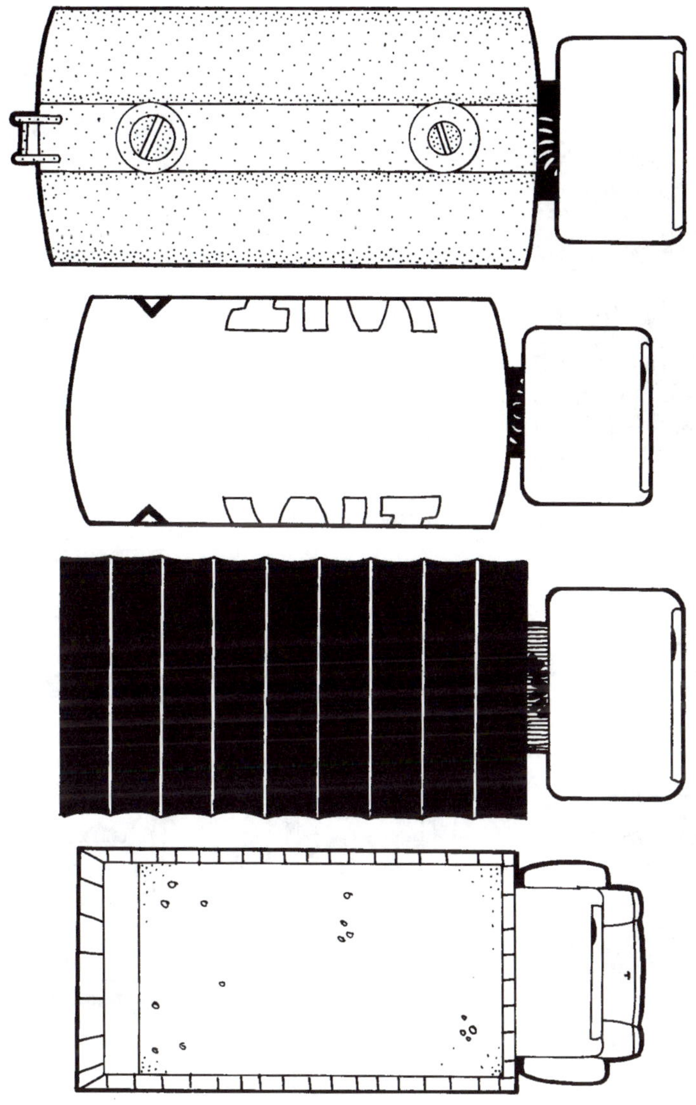

DOCUMENT 4

Éléments à découper

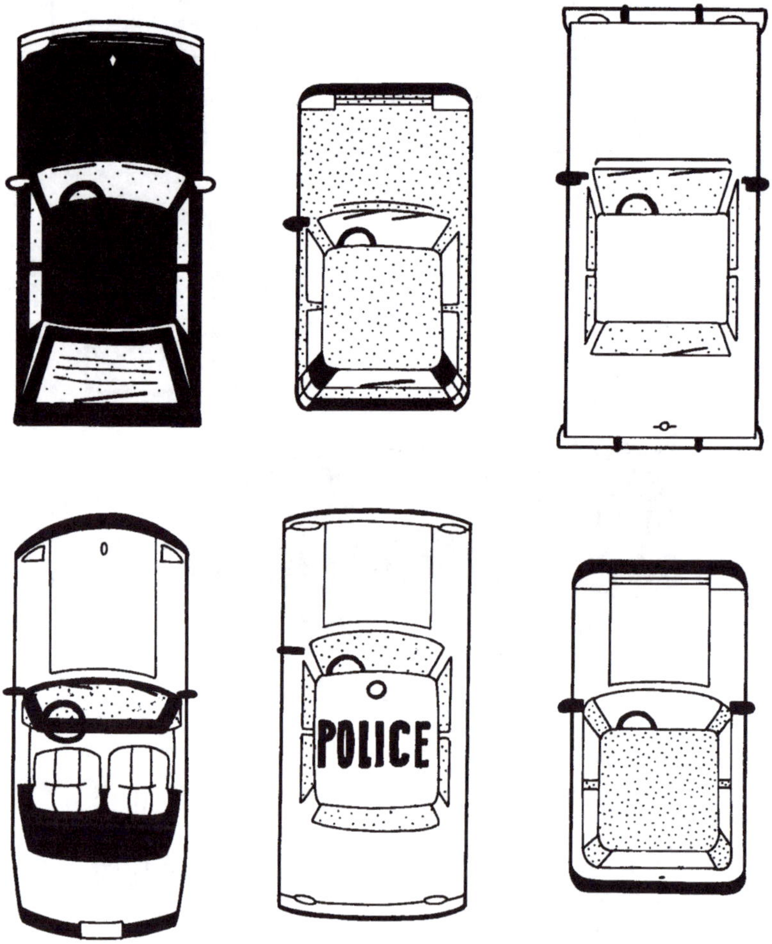

Éléments à découper

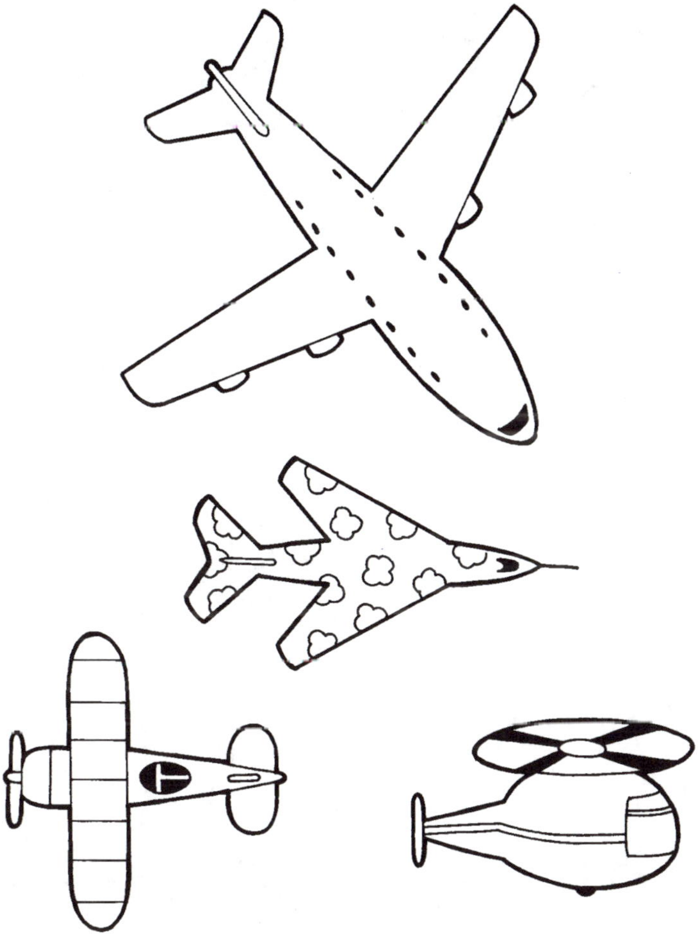

Éléments à découper

Éléments à découper

TROISIÈME PARTIE

Raconter et découvrir

CHAPITRE 1

RACONTER ET DÉCOUVRIR

UNE SUCCESSION D'ÉVÉNEMENTS (1)

Enchaînement chronologique prédéterminé

OBJECTIFS PÉDAGOGIQUES

Entraîner les enfants à :

- enchaîner des événements en sélectionnant et en organisant une suite d'images ;
- décrire des personnages ou des situations avec suffisamment de précision pour identifier leur image parmi une série ;
- enchaîner descriptions et narrations pour construire un récit cohérent ;
- lire le récit d'un camarade et retrouver les images qui lui ont servi de support.

1 Exercice collectif de présentation

Chaque élève dispose d'un exemplaire du document 1.

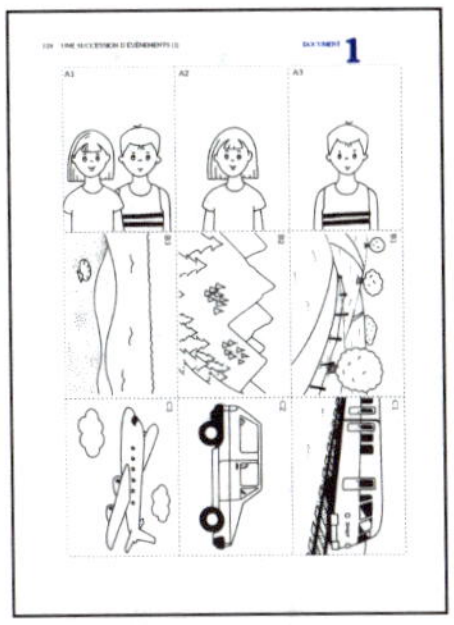

Doc 1, p. 128

▸ *Travail oral collectif*

Vous expliquez aux élèves que ce jeu d'images permet de produire un certain nombre de propositions différentes. Vous en donnez un exemple :
« Le petit garçon va au bord de la mer en voiture. »
Vous demandez aux élèves d'identifier les trois images correspondant à cette proposition (A1, B3, C2). On conviendra d'appeler une succession d'images ainsi définie un « **chemin d'images** ».
Vous demandez à un volontaire de venir au tableau et de construire une nouvelle proposition en utilisant un chemin d'images différent. Le reste de la classe doit ensuite identifier les images utilisées par leur camarade.
Suivant le niveau de votre classe, vous pourrez répéter cette activité plusieurs fois.
Certains auront peut-être l'idée de modifier l'ordre des images dans la construction de leur phrase. Par exemple :
« Le petit garçon est allé à la plage en voiture. » (A1, B3, C2)
« Avec la voiture, le petit garçon est allé à la plage. » (C2, A1, B3)
Si cette idée n'est pas utilisée, vous pourrez la suggérer plus tard. Elle vous permettra de montrer aux enfants que l'on peut modifier le chemin d'images (l'ordre d'apparition des informations dans la phrase) sans nécessairement changer le sens de la proposition.
Pour la suite de cette activité, vous conviendrez avec vos élèves de n'utiliser les images que dans l'ordre où elles sont présentées sur la page : A, B, C. Cela aura pour effet de « limiter » le nombre de chemins d'images possibles à 27 !

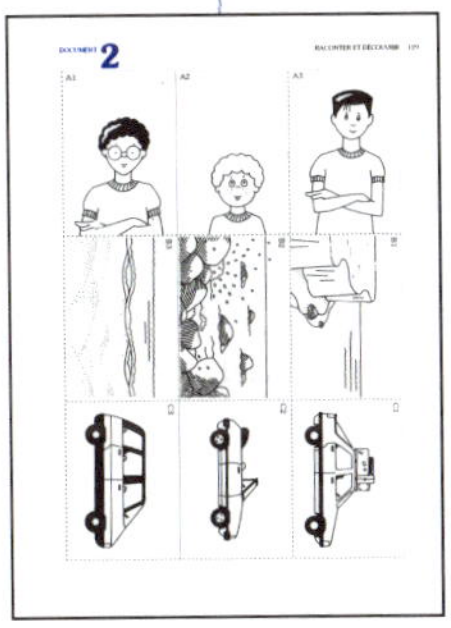

Doc 2, p. 129

▸ *Travail écrit individuel*

Vous distribuez à chaque élève un exemplaire du document 2.
Vous demandez aux élèves de rédiger, à partir des images de ce document, au moins cinq phrases correspondant à cinq chemins d'images différents.
À la fin de chaque phrase, les enfants notent le chemin d'images correspondant.

▸ *Exploitation collective*

Il s'agit de montrer aux élèves la grande variété des possibilités offertes en comptabilisant le nombre de chemins d'images différents utilisés par l'ensemble de la classe. Pour cela, vous demandez aux élèves de lire les phrases qu'ils ont écrites.
Vous notez en vrac au tableau les chemins d'images proposés. Vous pourrez par la suite, dans le cadre d'une séance de mathématiques par exemple, essayer de calculer avec vos élèves le nombre total de possibilités différentes (recherche et comparaison des différents modes de classement permettant d'y parvenir).

2 Travail à deux

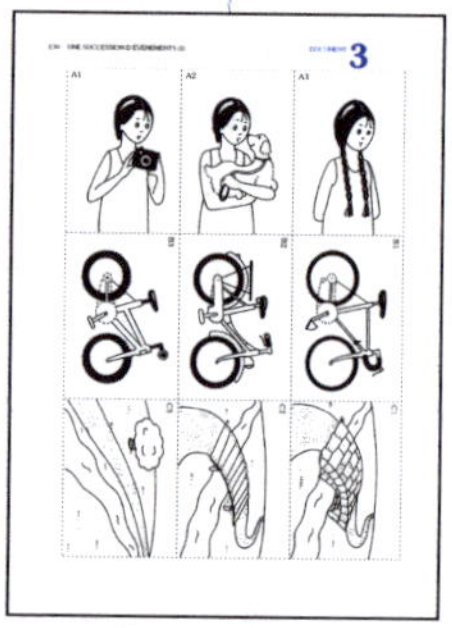
Doc 3, p. 130

Chaque élève doit disposer :
- d'un exemplaire du document 3 ;
- d'une feuille libre portant son nom.

Ce document exige un travail de rédaction plus précis. Chaque élève doit en effet, suivant ses capacités :
- construire une à trois « histoires » correspondant à autant de chemins d'images différents ;
- noter le chemin d'images correspondant à chaque « histoire » sur un cahier ;
- rédiger chaque histoire sur la feuille libre, en gardant à l'esprit que le texte seul doit permettre de reconstituer le chemin d'images correspondant ;
- utiliser plusieurs phrases s'il le juge nécessaire.

Une fois les textes rédigés, les feuilles sont ramassées puis redistribuées au hasard (voir *RP 5*).
Les élèves, devenus lecteurs, écrivent en regard de chaque histoire le chemin d'images qui lui correspond. Les feuilles sont ensuite rendues aux auteurs pour vérification.
En cas de désaccord auteur/lecteur, on procède à une phase de remédiation (voir *RP 7*) qui permettra d'identifier et de corriger les erreurs :
- manque de précision du texte ;
- lecture superficielle.

Suivant les résultats obtenus, vous pourrez recommencer la séance avec les mêmes documents ou utiliser les documents 4 et 5.

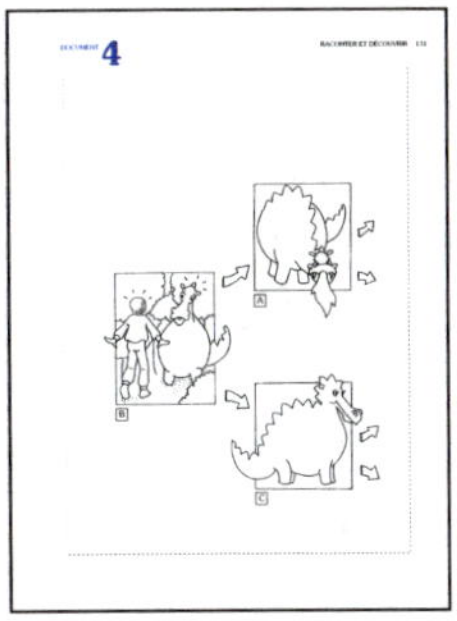

Doc 4, p. 131

Doc 5, p. 132

▸ *Utilisation des documents 4 et 5*

Vous aurez réuni les deux pages sur une même feuille de format A4 avant de les distribuer aux élèves.
Après une observation collective du tableau, vous pourrez, si vous le jugez nécessaire, donner un exemple d'enchaînement d'images.
Les élèves écriront leur texte sur un cahier ou sur une feuille libre.
Même déroulement que dans le travail en binômes.
Suivant les résultats obtenus, vous pourrez recommencer la séance avec la même planche de dessins ou utiliser les séries de dessins proposées sur les documents 6 à 9 (pages 133 à 136).

▸ *Utilisation des documents 6 à 9*

Chaque élève dispose de tous les dessins présentés sur ces quatre documents. (Deux feuilles de format A4 suffiront pour les reproduire.) Éventuellement, deux élèves travaillent sur le même jeu de dessins.

Les élèves découpent les vignettes et les collent sur une grande feuille de papier en respectant la disposition suivante :

Vignettes	**A**	**B**	**C**	**D**	**E**
	A1	B1	C1	D1	E1
	A2	B2	C2	D2	E2
		B3	C3	D3	E3
		B4	C4	D4	E4
			C5	D5	E5
				D6	E6
					E7

Lorsque toutes les planches de dessins sont prêtes, on procède à une observation collective en explicitant certains dessins si nécessaire.

Vous pourrez éventuellement laisser s'ébaucher oralement quelques débuts ou tronçons d'histoires. Vous encouragerez alors les élèves à « broder » sur les images afin de les lier plus facilement entre elles. Chacun rédige ensuite une histoire à partir des dessins de son choix. Ceci exige un effort de rédaction et d'imagination plus important. Chaque élève doit en effet, suivant ses capacités :

- construire une histoire correspondant à un chemin d'images précis ;
- noter ce chemin d'images sur un cahier ;
- rédiger son histoire sur une feuille libre, en gardant à l'esprit que le texte seul doit permettre de reconstituer le chemin d'images ;
- utiliser plusieurs paragraphes s'il le juge nécessaire.

Une fois la rédaction terminée, vous ramassez les textes produits. Vous pourrez décider d'en remettre la lecture et l'exploitation à un autre jour. Ceci vous permettra d'en prendre connaissance (sans y apporter de corrections) et de prévoir les séances « correctives » de grammaire ou d'orthographe nécessaires (voir *RP 3*).

Le moment venu, vous distribuez à chaque élève un texte dont il n'est pas l'auteur (voir *RP 5*). Chaque lecteur doit pouvoir identifier le chemin d'images correspondant au texte qui lui a été remis.
Il l'indique en notant sous l'histoire les numéros des images.
Les histoires sont restituées à leurs auteurs qui comparent leur chemin initial à celui relevé par le lecteur. On cherchera à identifier les causes de désaccord auteur/lecteur (voir *RP 7*).

Prolongements

Afin d'exploiter au maximum les productions ainsi réalisées, vous pourrez afficher les textes de vos élèves (après corrections) dans la classe en les organisant autour de la planche de dessins.

Suivant le niveau de votre classe, vous pourrez demander à vos élèves d'écrire une nouvelle histoire à partir de la même planche de dessins (qui en permet un grand nombre !). Ils pourront enrichir leur texte en utilisant plusieurs images de la même série.
Les jeunes navigateurs partis par beau temps peuvent en effet essuyer une tempête, puis être éperonnés par un pétrolier géant et se retrouver accrochés à leurs bouées, au milieu d'une mer infestée de requins, avant d'arriver sur une île déserte, etc.

Les élèves qui le désirent pourront plus tard découper et colorier les dessins qui serviront à illustrer leur texte. Les textes ainsi illustrés pourront ensuite enrichir la bibliothèque de la classe.

Idée de jeu (à partir des documents 6 à 9)

Vous découpez vingt-quatre étiquettes portant chacune la référence d'une des vignettes (A1, A2, B1, etc.).

Vous les disposez en cinq paquets (A à E). Les références des vignettes ne doivent pas être visibles.

Chaque élève tire au hasard une étiquette dans chaque paquet. Il note les références des cinq vignettes correspondantes et remet chaque étiquette à sa place.

Il dispose ensuite de quelques jours pour rédiger une histoire à partir des cinq images que le tirage lui a imposées.

Une fois l'histoire corrigée et recopiée au propre, elle sera affichée dans la classe. Les lecteurs devront retrouver les numéros des étiquettes qui ont inspiré l'histoire.

DOCUMENT 1

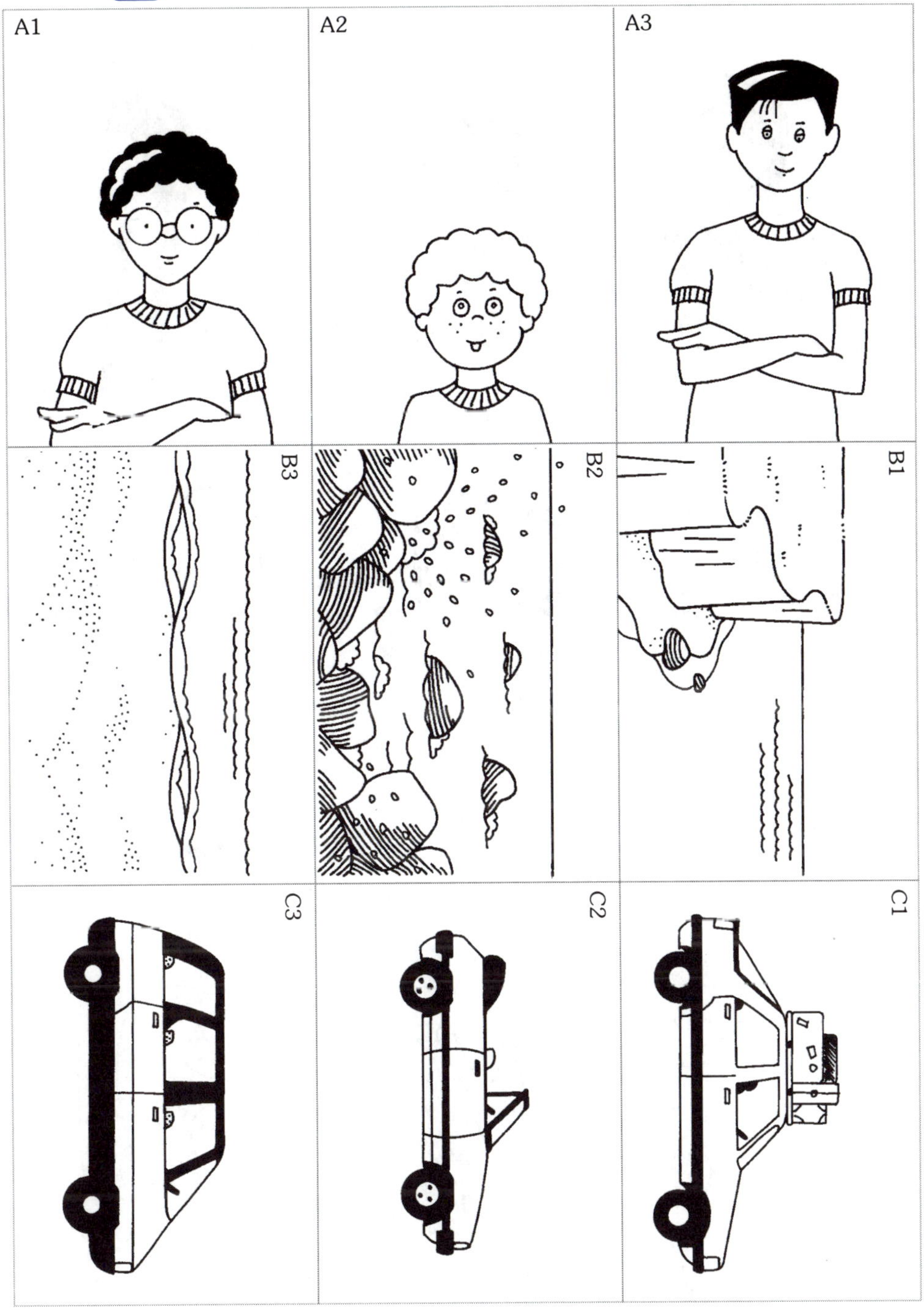
A1
A2
A3
B3
B2
B1
C3
C2
C1

DOCUMENT **3**

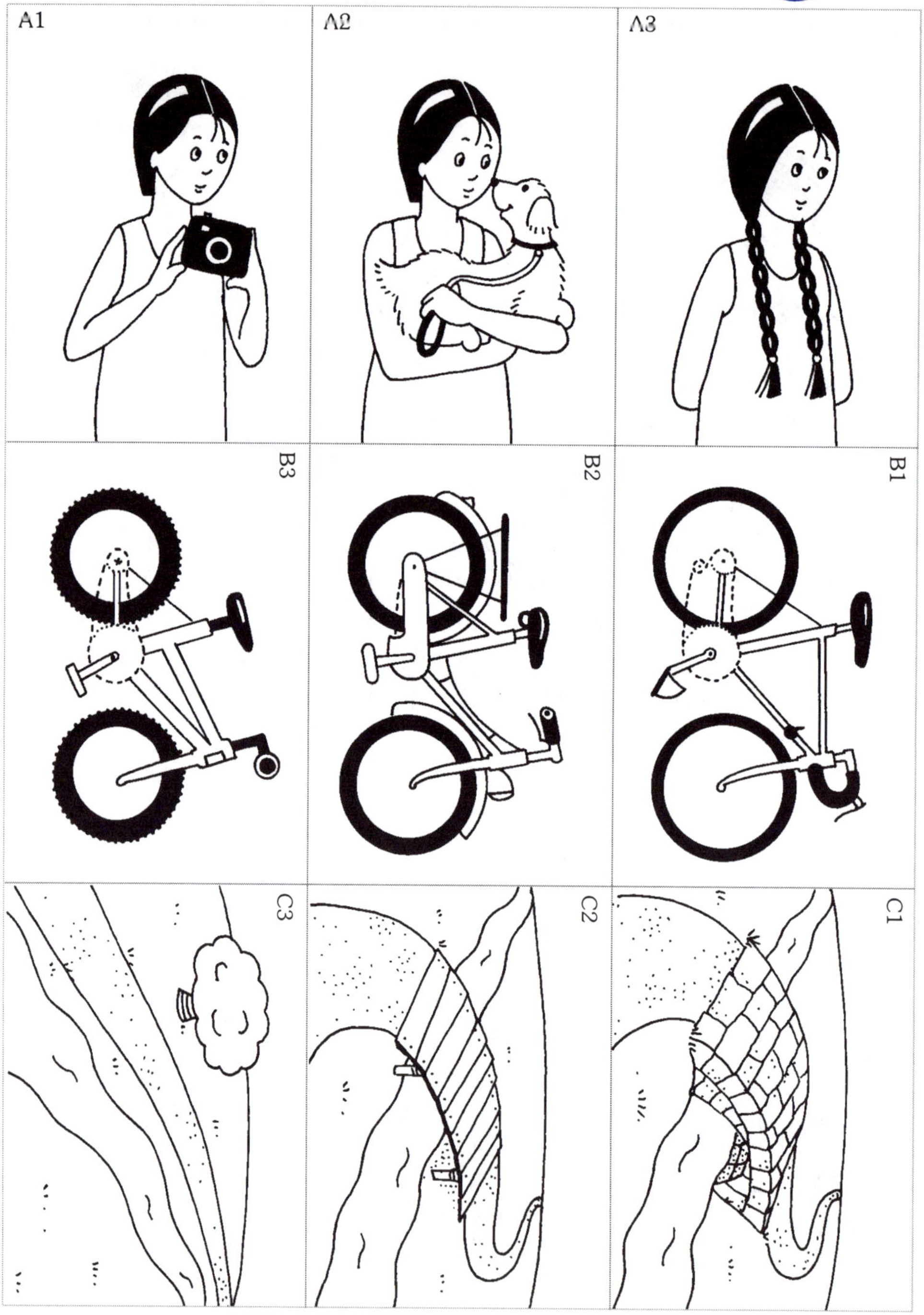

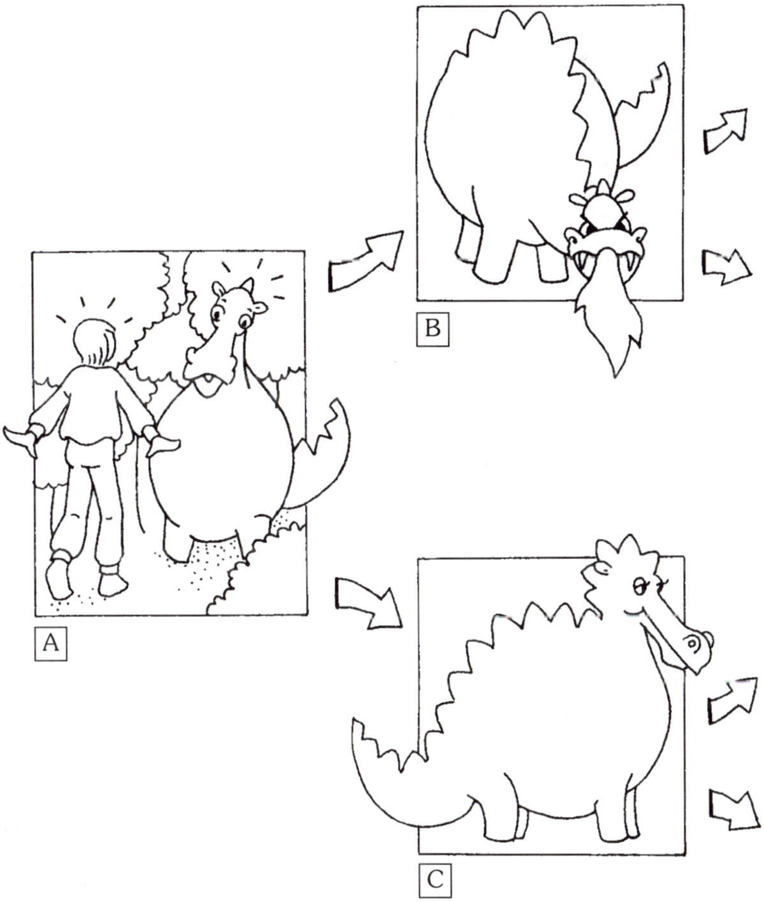
A
B
C

DOCUMENT 5

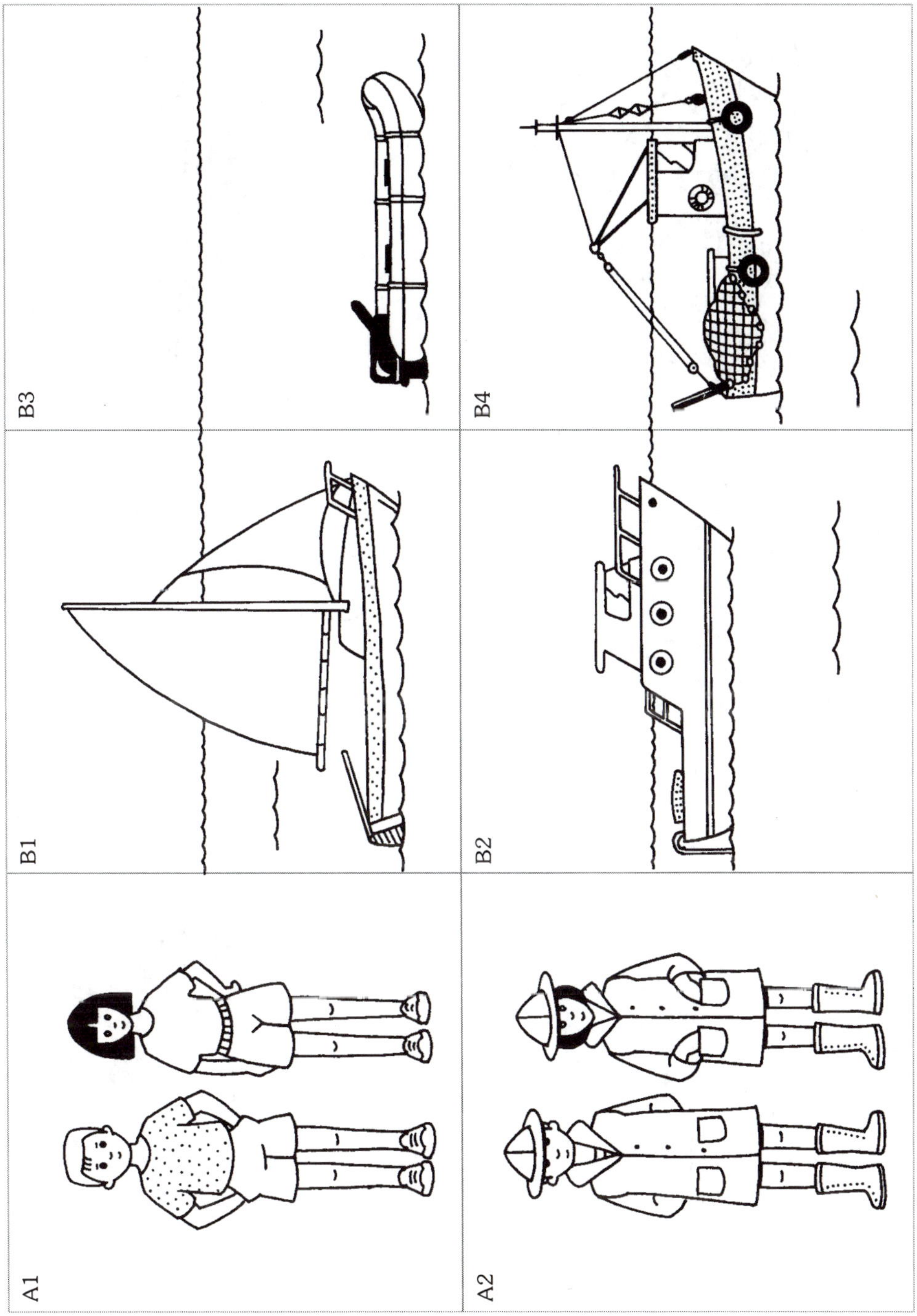
A1
A2
B1
B2
B3
B4

DOCUMENT 7

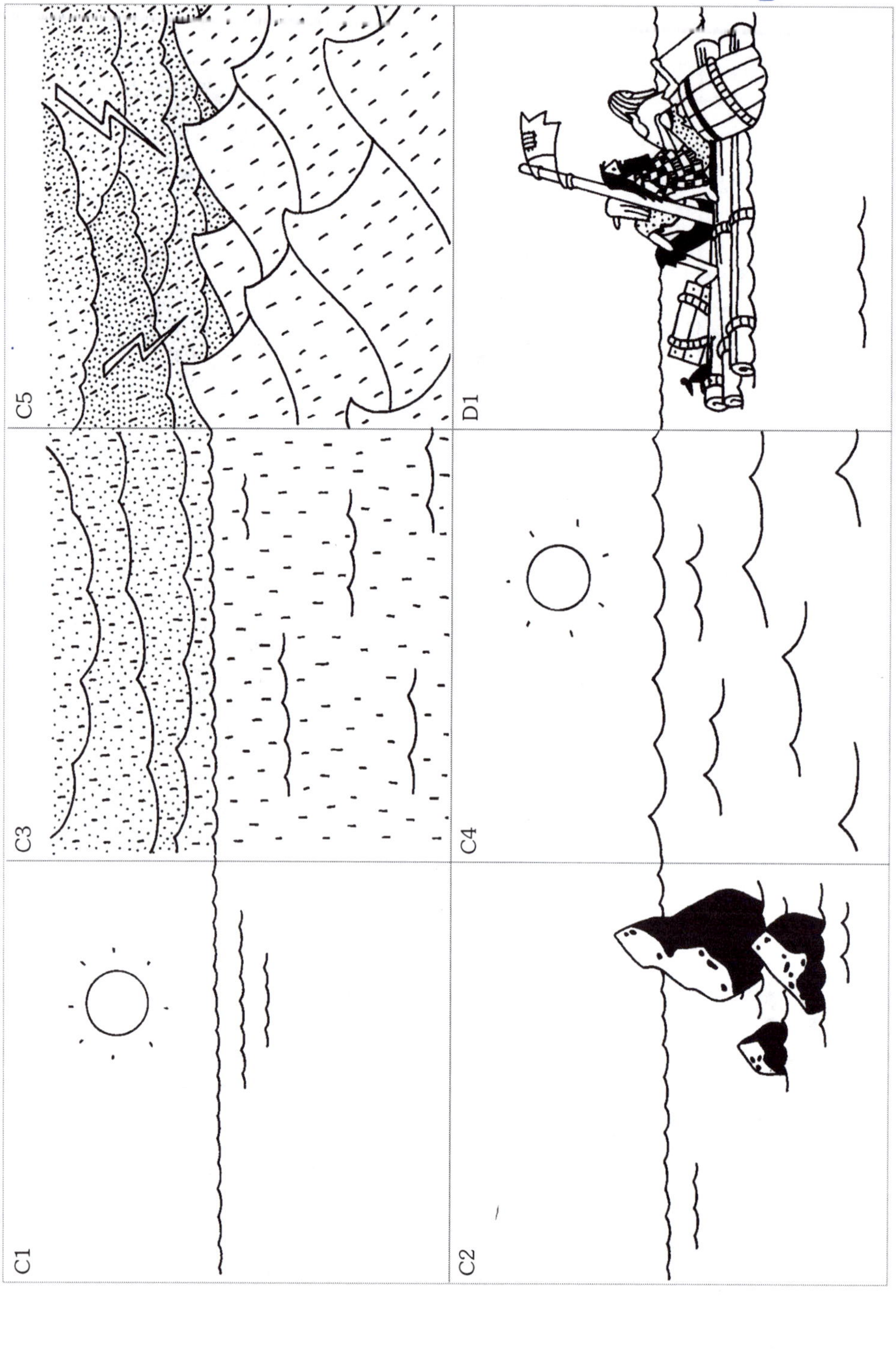

D6
E1
D4
D5
PETROL
D2
D3

DOCUMENT 9

CHAPITRE 2

RACONTER ET DÉCOUVRIR

UNE SUCCESSION D'ÉVÉNEMENTS (2)

Enchaînement chronologique libre

OBJECTIFS PÉDAGOGIQUES

Entraîner les enfants à :

- construire le déroulement d'une histoire en sélectionnant et en organisant une suite d'images ;
- décrire des personnages ou des situations avec suffisamment de précision pour identifier leur image parmi une série ;
- enchaîner descriptions et narrations pour construire un récit cohérent ;
- lire le récit d'un camarade et retrouver les images qui lui ont servi de support.

1 Exercice collectif de présentation

Vous avez reproduit et distribué à chaque élève le document 1.

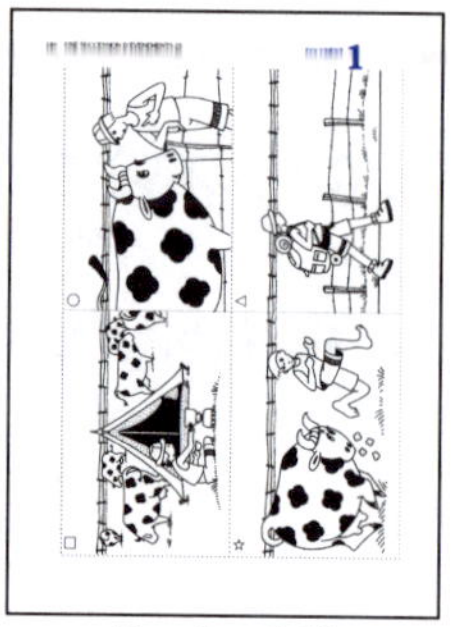

Doc 1, p. 140

▸ *Travail oral collectif*

Vous expliquez aux élèves que ce jeu de dessins permet d'imaginer un certain nombre d'histoires différentes.
Vous demandez à un volontaire de venir au tableau et d'imaginer une histoire en utilisant les quatre images proposées dans l'ordre de son choix.
Il sera probablement tenté de suivre l'ordre suggéré par la disposition des dessins sur la page.
Le reste de la classe doit ensuite indiquer l'ordre des images utilisées par leur camarade. Ils utilisent pour cela le code graphique apparaissant dans le coin de chaque image (par exemple : carré-étoile-cercle-triangle).
Vous faites appel à un second volontaire qui aura charge de recommencer l'exercice en utilisant les mêmes images dans un ordre différent.
Là encore, le reste de la classe doit indiquer l'ordre utilisé.
Suivant le niveau de votre classe, vous pourrez répéter cette activité plusieurs fois.

▸ *Travail écrit individuel*

Chaque élève doit disposer :
- d'un exemplaire du document 1 ;
- d'une feuille libre portant son nom.

Vous demandez aux élèves de rédiger, à partir des images du document 1, une histoire correspondant au chemin d'images de leur choix.
Ils notent le code correspondant à l'ordre chronologique qu'ils ont utilisé.

▸ *Exploitation collective*

Il s'agit de montrer aux élèves la grande variété des possibilités offertes en comptabilisant le nombre de chemins d'images différents utilisés par l'ensemble de la classe. Pour cela, vous demandez à quelques élèves de lire l'histoire qu'ils ont écrite.

On remarquera à cette occasion qu'un même chemin d'images peut donner lieu à des histoires variées (noms de personnages différents, liens entre les séquences, etc.).
Vous notez en vrac au tableau les chemins d'images proposés. Vous pourrez par la suite, dans le cadre d'une séance de mathématiques par exemple, essayer de calculer avec vos élèves le nombre total de possibilités différentes (recherche et comparaison des différents modes de classement permettant d'y parvenir).

2 Travail à deux

Chaque élève doit disposer :
- d'un exemplaire du document 2 ;
- d'une feuille libre portant son nom.

Chaque élève doit, suivant ses capacités :
- construire une histoire correspondant au chemin d'images qu'il a choisi ;
- noter son chemin d'images sur un cahier ;
- rédiger son histoire sur une feuille libre, en gardant à l'esprit que le texte seul doit permettre de reconstituer le chemin d'images correspondant ;
- utiliser plusieurs phrases ou paragraphes s'il le juge nécessaire.

Une fois les textes rédigés, les feuilles sont ramassées puis distribuées au hasard (voir *RP 5*).
Les élèves, devenus lecteurs, écrivent en bas de l'histoire le chemin d'images qui lui correspond. Les feuilles sont ensuite rendues aux auteurs pour vérification.
Une phase de remédiation (voir *RP 7*) permettra d'identifier et de corriger les erreurs :
- manque de rigueur dans la rédaction du texte ;
- lecture superficielle.

Suivant les résultats obtenus, vous pourrez recommencer la séance avec la même planche de dessins ou utiliser les documents 3 et 4.

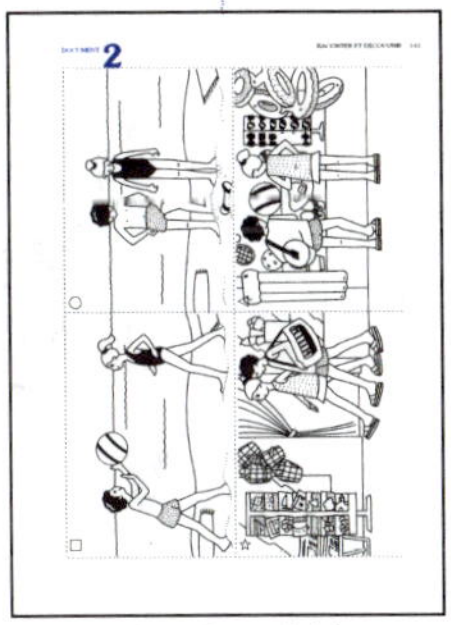

Doc 2, p. 141

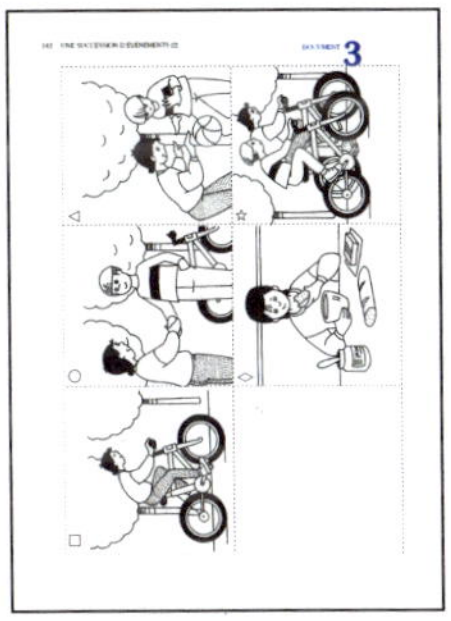

Doc 3, p. 142

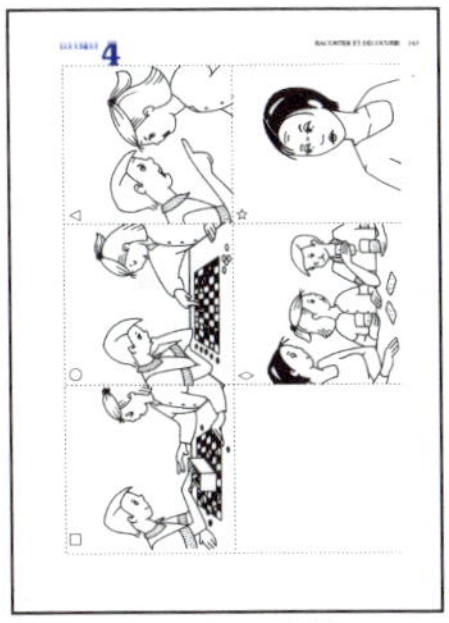

Doc 4, p. 143

DOCUMENT **1**

DOCUMENT **2**

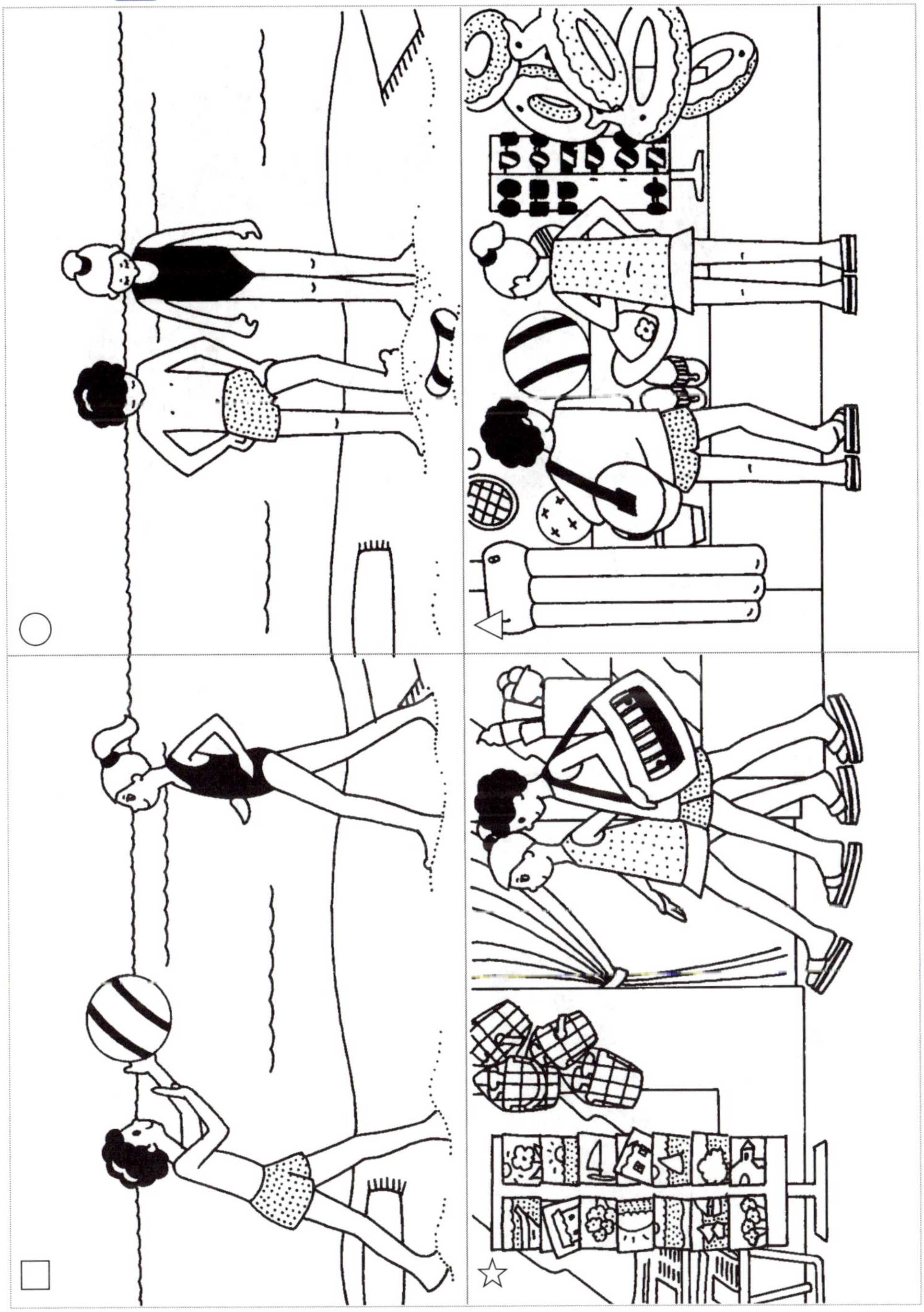

DOCUMENT **3**

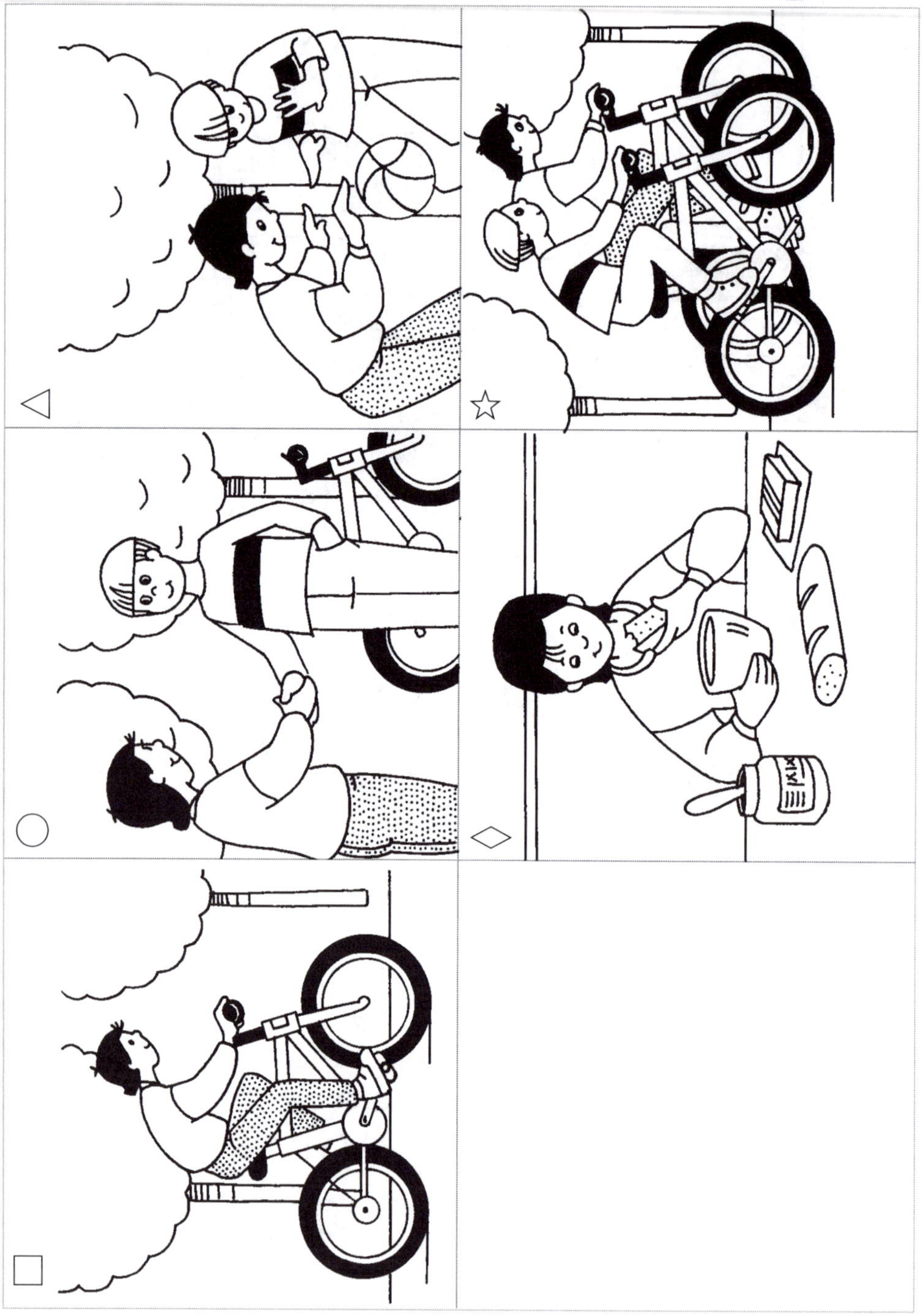

DOCUMENT 2

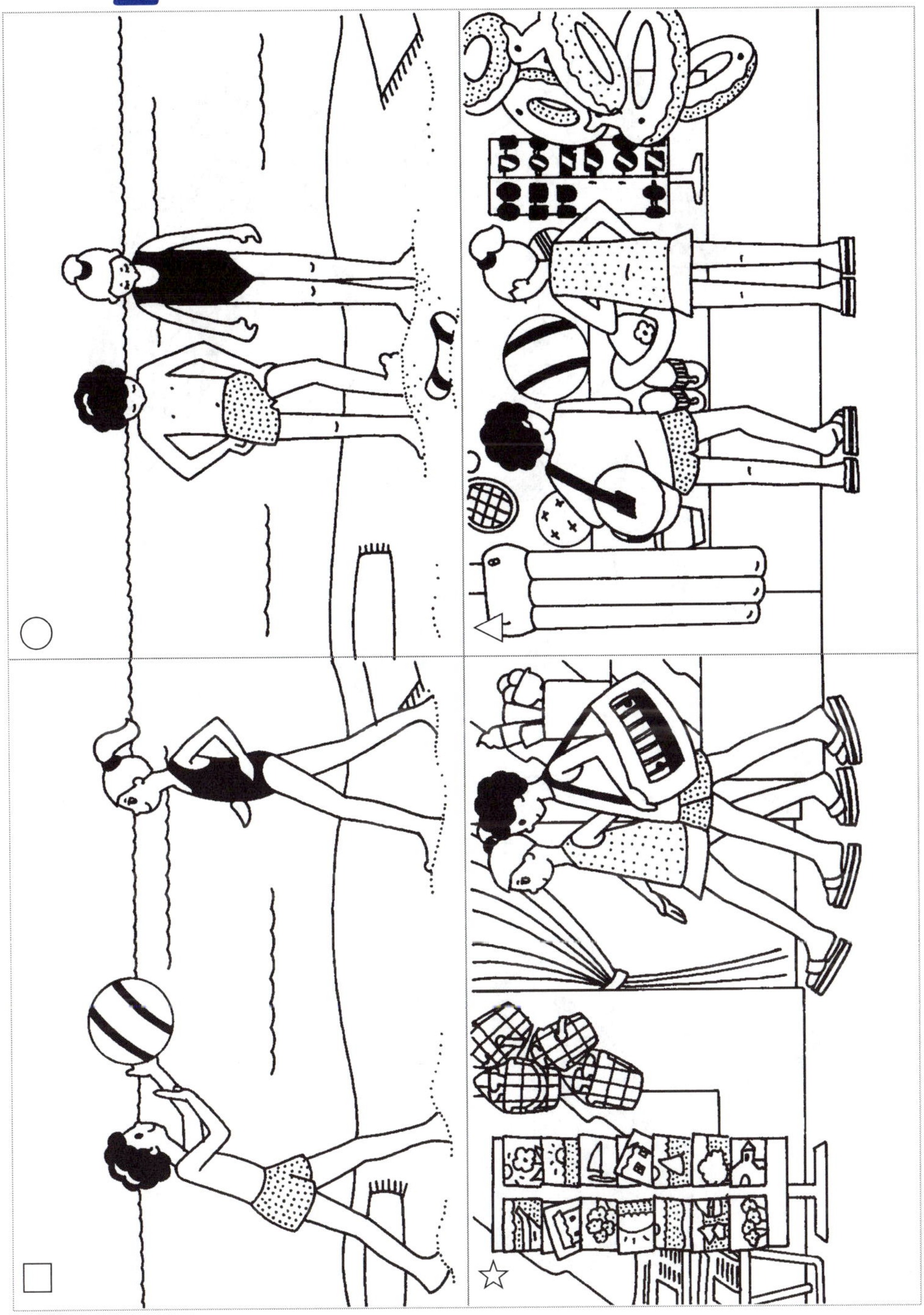

DOCUMENT 3

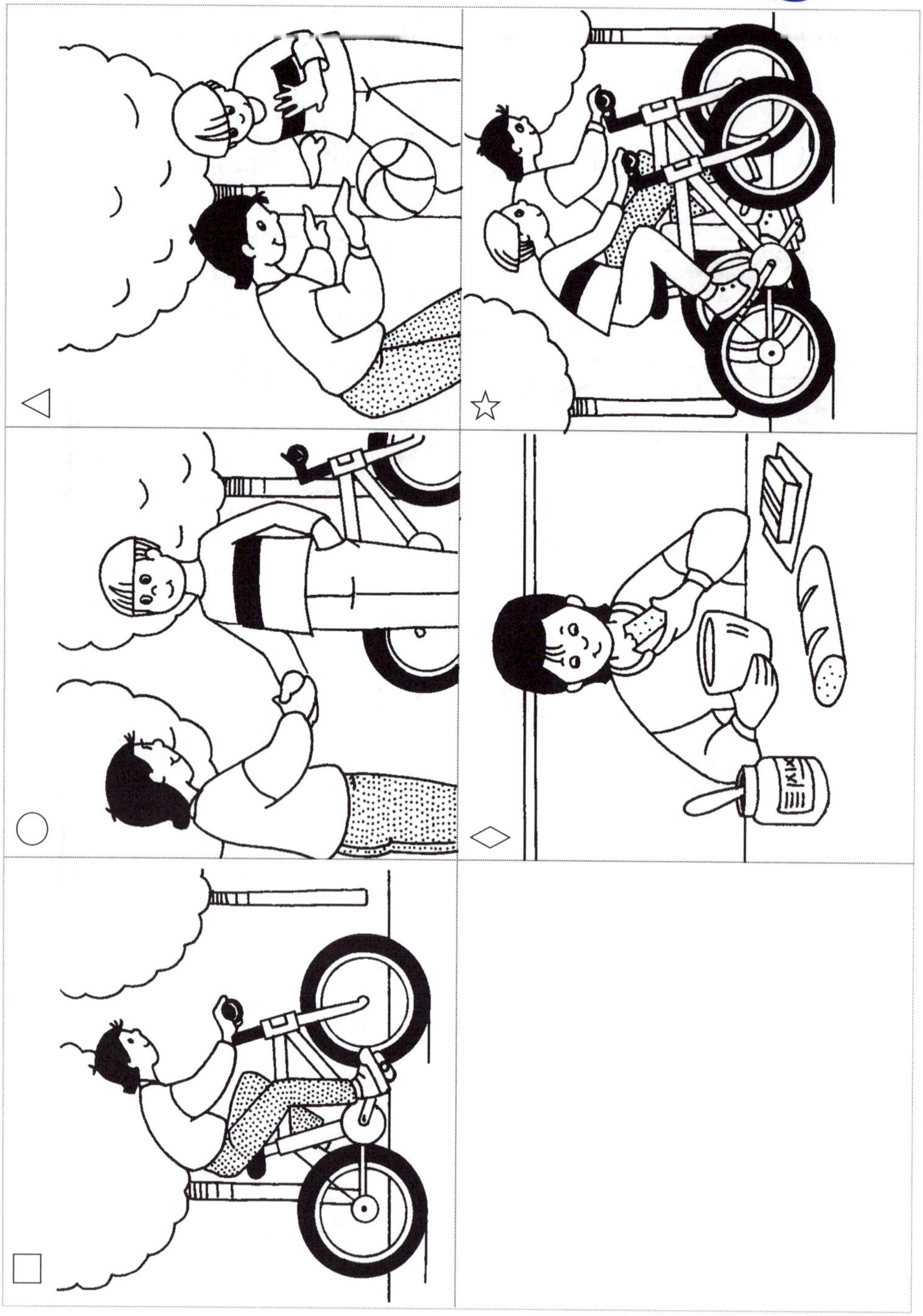

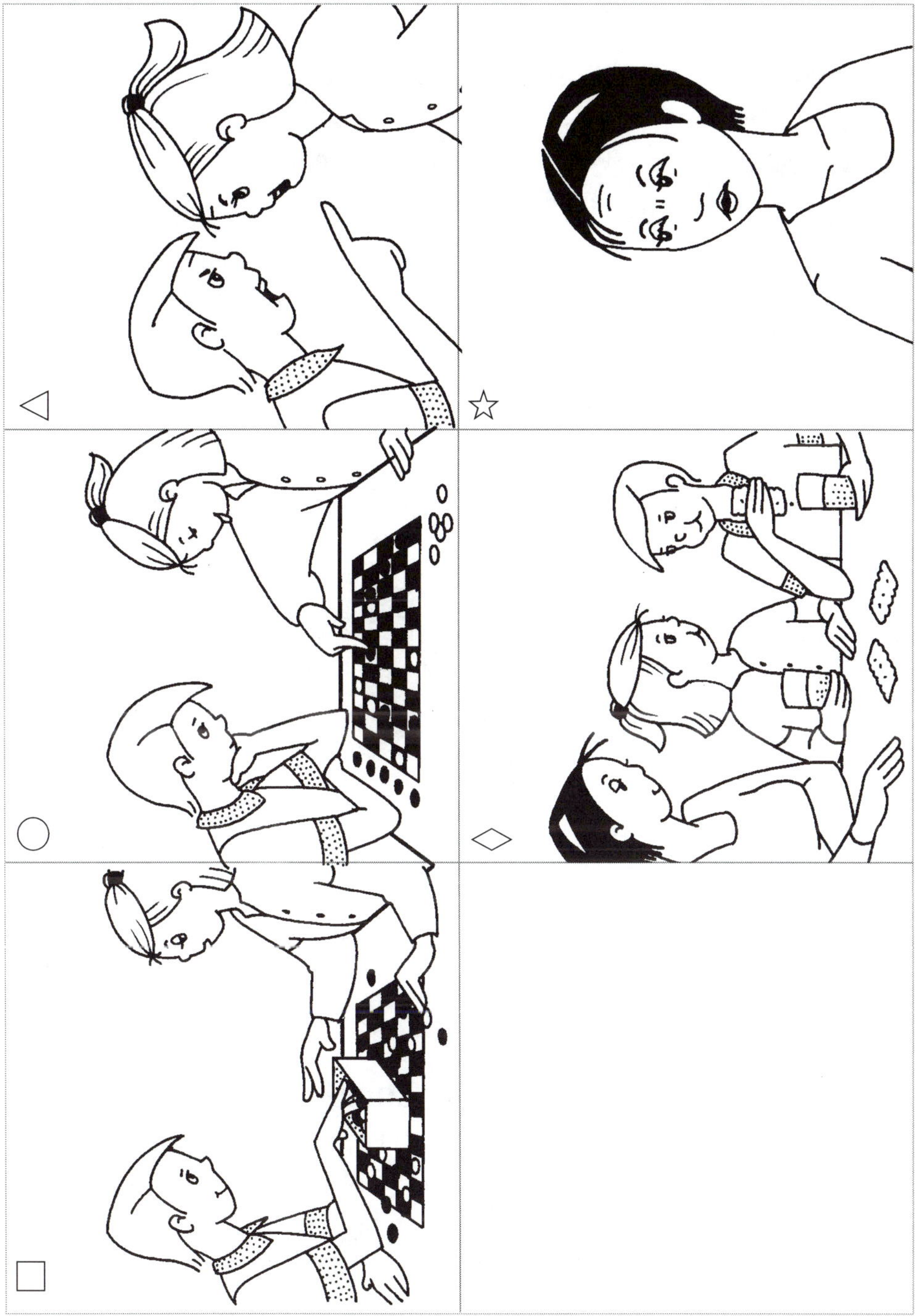

CHAPITRE 3

RACONTER ET DÉCOUVRIR

UNE HISTOIRE (1)

À partir de situations données

OBJECTIFS PÉDAGOGIQUES

Entraîner les enfants à :

- construire le déroulement d'une histoire en sélectionnant et en organisant une suite d'images ;
- décrire des personnages ou des situations avec suffisamment de précision pour identifier leur image parmi une série ;
- enchaîner descriptions et narrations pour construire un récit cohérent ;
- lire le récit d'un camarade et retrouver les images qui lui ont servi de support.

1 Présentation collective à la classe

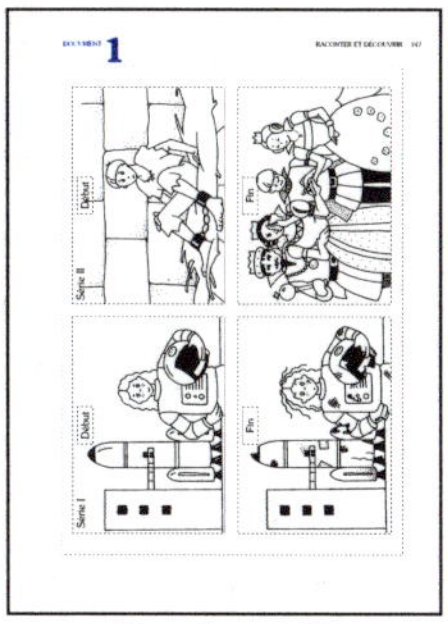

Doc 1, p. 147

Vous distribuez à vos élèves le document 1.

Après une phase collective d'observation/description, vous proposez à chaque élève :

- de choisir un personnage (garçon ou fille) et de lui donner une identité ;
- d'imaginer une histoire dont la situation de départ et le dénouement pourraient être illustrés par les deux dessins correspondant au personnage choisi.

Vous laissez s'ébaucher oralement quelques scénarios (les plus différents possibles).

2 Travail écrit individuel

Chaque élève doit disposer :

- d'un exemplaire des dessins choisis ;
- d'une feuille libre portant son nom.

Vous demandez ensuite aux enfants de rédiger sur la feuille libre l'histoire qu'ils ont imaginée.

Vous leur demanderez à cette occasion de :

- consacrer une part de leur texte à la description des images fournies ;
- développer, librement mais en substance, la transition entre la situation de départ et le dénouement ;
- mettre à profit le déroulement pour amener logiquement le dénouement imposé.

3 Exploitation des textes produits

Les textes produits pourront être lus à voix haute devant la classe, à raison de trois ou quatre par séance.

On commentera les mérites respectifs des versions ainsi entendues en accordant une importance particulière aux critères suivants :

- retrouve-t-on bien les images de départ et d'arrivée ?
- le dénouement est-il amené d'une façon logique ?
- le récit est-il globalement cohérent ?

Les remarques faites permettront à certains élèves d'améliorer leur texte. Lorsque ces modifications de fond auront été apportées, vous

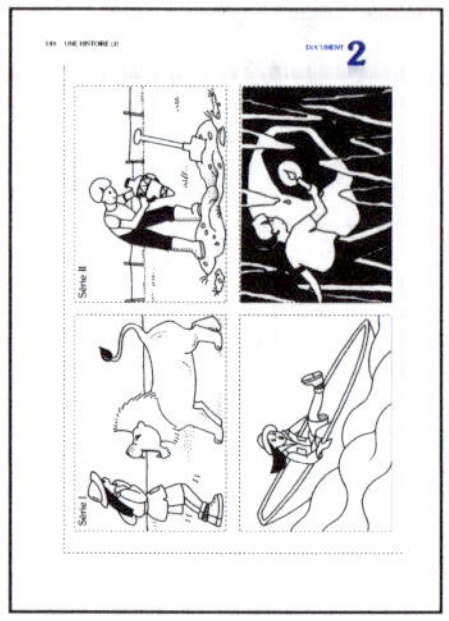

Doc 2, p. 148

pourrez, suivant le niveau de votre classe et vos principes pédagogiques :

- faire corriger les textes par leurs auteurs après avoir indiqué vous-même les fautes commises (orthographe lexicale et grammaticale) ;
- grouper les élèves par deux et leur faire corriger ensemble les fautes de leurs textes. Il vous appartiendra de contrôler par la suite les résultats de cette correction ;
- adopter un système de correction à partir de la technique de votre choix.

Les textes corrigés, recopiés et éventuellement illustrés pourront être alors affichés ou rassemblés dans un recueil qui trouvera sa place dans la bibliothèque de la classe.

Le principe de cette activité ayant été compris de tous, vous pouvez renouveler l'exercice à partir du document 2.

► *Utilisation du document 2*

Celui-ci propose également deux séries de dessins. Le déroulement de cette activité est le même que pour la précédente. Cependant, les deux dessins proposés ne représentent pas nécessairement le point de départ et le dénouement d'une histoire. Ils peuvent intervenir à n'importe quel moment dans le récit.

Série I
Début
Fin
Série II
Début
Fin

DOCUMENT **2**

CHAPITRE 4

RACONTER ET DÉCOUVRIR

LES CAUSES D'UNE SITUATION

OBJECTIFS PÉDAGOGIQUES

Entraîner les enfants à :

- identifier et analyser les détails d'une image pour percevoir le message qu'elle projette ;
- imaginer un ou des événements ayant pu causer la situation décrite par une image ;
- relater ces événements par écrit, sans faire de référence directe au contenu de l'image « effet » ;
- percevoir le contenu implicite du récit d'un camarade pour identifier l'image qui lui a servi de support.

Avertissement
En raison de son niveau de difficulté, cette activité s'adresse plutôt aux classes de CM.

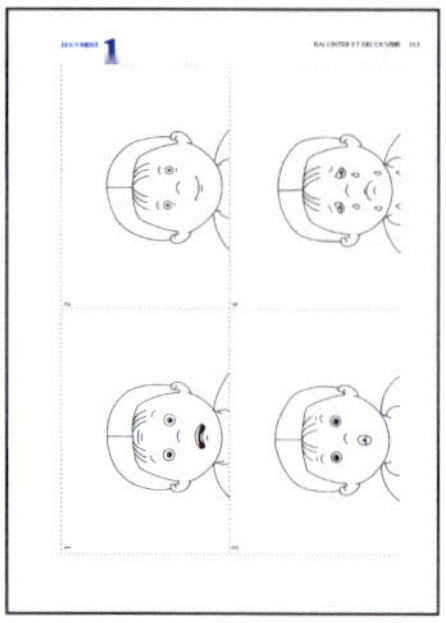
Doc 1, p. 153

1 Exercice collectif de présentation

Vous avez reproduit et distribué le document 1.

▸ *Travail oral collectif*

Vous expliquez aux élèves que chacune de ces images permet d'imaginer un certain nombre d'histoires différentes.
Les élèves ne doivent en aucun cas faire état, dans leur texte, de ce que représente l'image de leur choix. Ils doivent s'efforcer de n'exprimer que la causalité de cette image.
Vous prenez pour exemple l'image de l'enfant effrayé. Vous demandez à la classe de proposer une situation qui aurait pour effet d'effrayer le personnage.
Par exemple : une énorme araignée est tombée sur son oreiller.
Vous rejetez toutes les propositions faisant directement référence au personnage ou à sa réaction.
Par exemple : « Le petit garçon a peur parce que... ».
Vous racontez ensuite à la classe l'histoire suivante :
« Un petit chien s'est sauvé en passant entre les barreaux de la grille d'un jardin. Malheureusement, un camion arrivait juste à ce moment-là. Le chauffeur n'a pas pu éviter le pauvre animal. »
Vous demandez aux enfants quelle image pourrait illustrer la conséquence de l'histoire qu'ils viennent d'entendre. Lorsque l'image a été identifiée, vous répétez l'histoire en montrant bien qu'elle ne fait référence ni à l'enfant, ni à sa réaction. C'est ainsi qu'ils vont devoir travailler.
Le principe de l'activité ayant été compris par tous, vous pouvez passer à la phase suivante.

2 Travail à deux

Chaque élève doit disposer :
- d'un exemplaire du document 1 ;
- d'une feuille libre portant son nom.

Suivant le niveau de votre classe, vous demandez aux élèves de travailler :

- sur les deux images encore non utilisées ;
- sur les quatre images, en proposant bien sûr des situations différentes de celles évoquées lors de la phase orale de présentation ;
- rédiger un texte (ou plusieurs) à partir de l'image (ou des images) de leur choix en respectant les contraintes que vous avez définies.

Une fois les textes rédigés, les feuilles sont ramassées, puis distribuées au hasard (voir *RP5*).

Devenus lecteurs, les élèves doivent :

- identifier l'image qui a servi de support au texte ;
- vérifier qu'aucune référence directe à l'image n'est contenue dans le texte.

Suivant les résultats obtenus, vous pourrez :

- redéfinir les contraintes d'écriture à l'aide des textes produits par les enfants ;
- renouveler l'exercice écrit à partir des documents 2, 3 et 4 (pages 154 à 156) qui sont proposés par ordre de difficulté croissante.

Utilisation du document 2

Suivant l'état de l'arbre fruitier, on pourra évoquer :

1. des conditions climatiques idéales, la satisfaction des cultivateurs, etc. ;
2. une sécheresse record ;
3. de violents orages avec vents dévastateurs ;
4. des maladies, des insectes, la surproduction, le changement de vocation du terrain devenu constructible, etc.

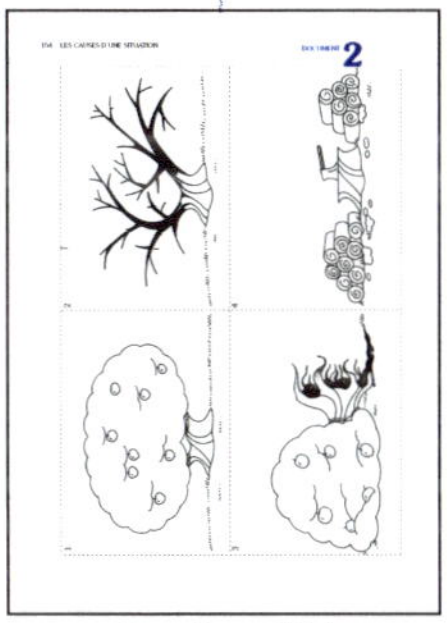

Doc 2, p. 154

Utilisation du document 3

On pourra évoquer les éléments suivants :

1. mauvaises conditions de travail, bas salaires, horaires insoutenables ;
2. discorde, concurrence, mauvaise communication, rencontre de deux camps opposés (lors d'une manifestation sportive, d'une échéance électorale) ;
3. aboutissement d'un projet commun, fête nationale, victoire sportive ;
4. défilé, visite d'un personnage important (homme politique, acteur).

Doc 3, p. 155

▸ Utilisation du document 4

On pourra évoquer les événements suivants :
1. grave incendie en ville ;
2. guerre, bombardement, séisme ;
3. incendie chez un particulier ;
4. programme immobilier, mouvement de population, etc.

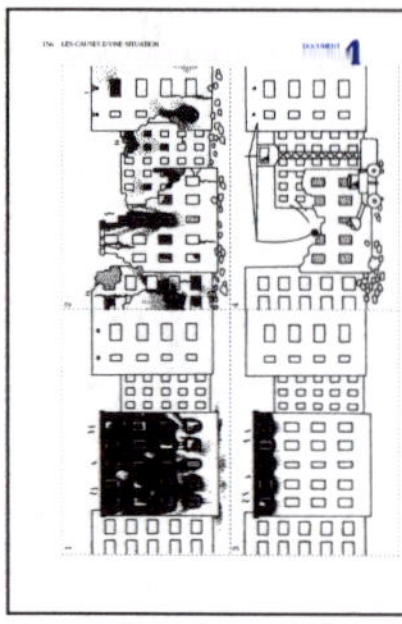

Doc 4, p. 156

Prolongement

Le jeu de la vérité

Cette activité peut se dérouler deux ou trois fois par semaine, à raison de cinq minutes maximum par séance.
Après un moment de préparation, un volontaire vient au tableau et raconte à la classe deux histoires qui lui sont arrivées. L'une est vraie, l'autre est inventée.
Les auditeurs écoutent en silence les deux histoires et votent pour celle qui leur paraît vraie.
Dans un premier temps, la classe parvient sans peine à distinguer l'histoire vraie de la fausse. Vous encouragerez les conteurs à inventer des histoires plausibles en établissant un système de score : un point par voix recueillie pour l'histoire inventée.

Vous varierez cette activité en proposant aux enfants de raconter :
- le début d'une histoire vraie, avec deux dénouements différents (l'un vrai et l'autre inventé) ;
- un incident ayant réellement eu lieu en lui donnant deux explications (une vraie, une inventée).

Suivant le niveau de votre classe, vous pouvez également envisager de demander aux enfants de rédiger leurs deux histoires sur une feuille. Celle-ci circulera dans la classe pendant quelques jours afin d'être lue de tous. Les lecteurs indiqueront sur la feuille l'histoire qui leur paraît vraie.

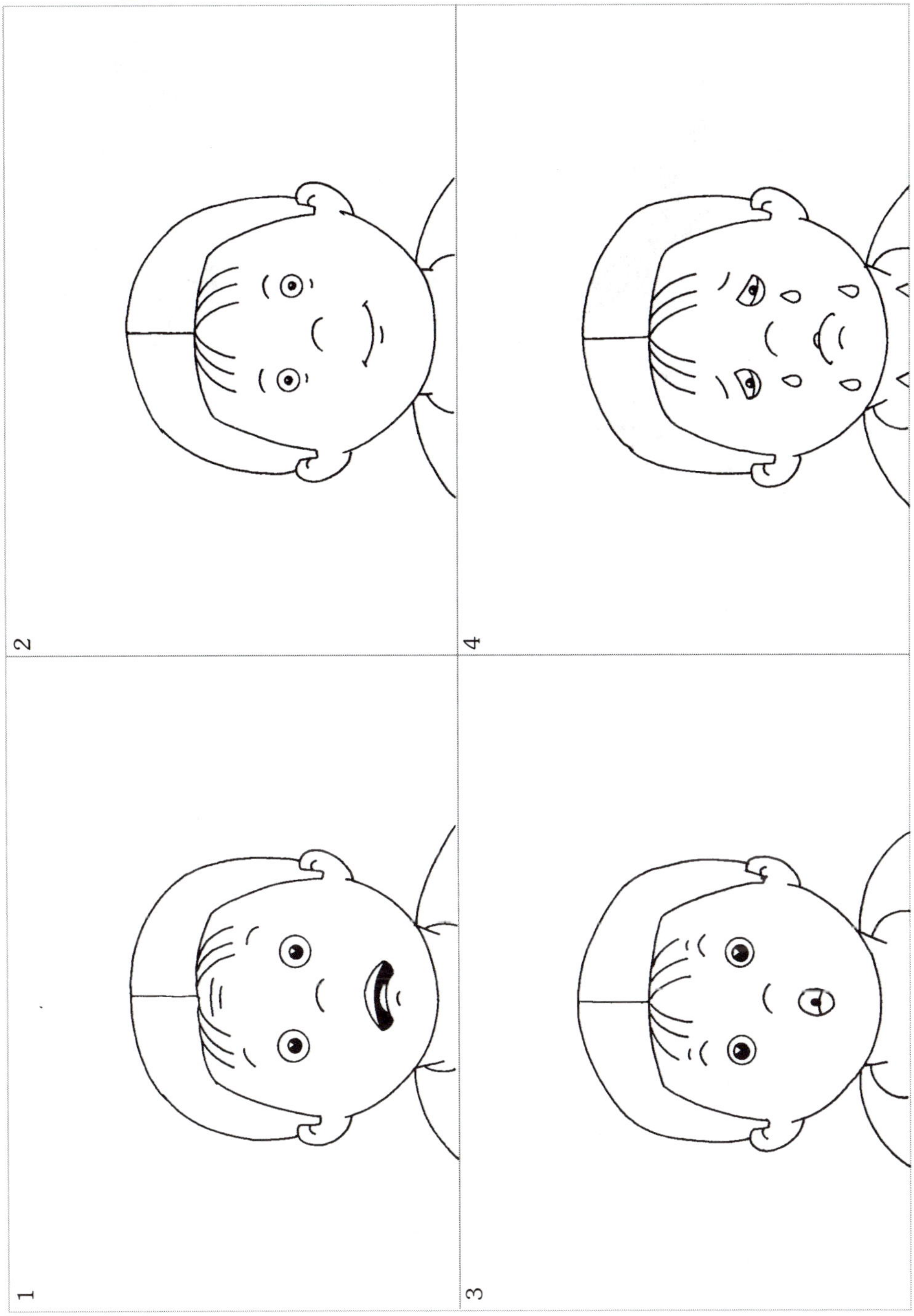
1
2
3
4

DOCUMENT 2

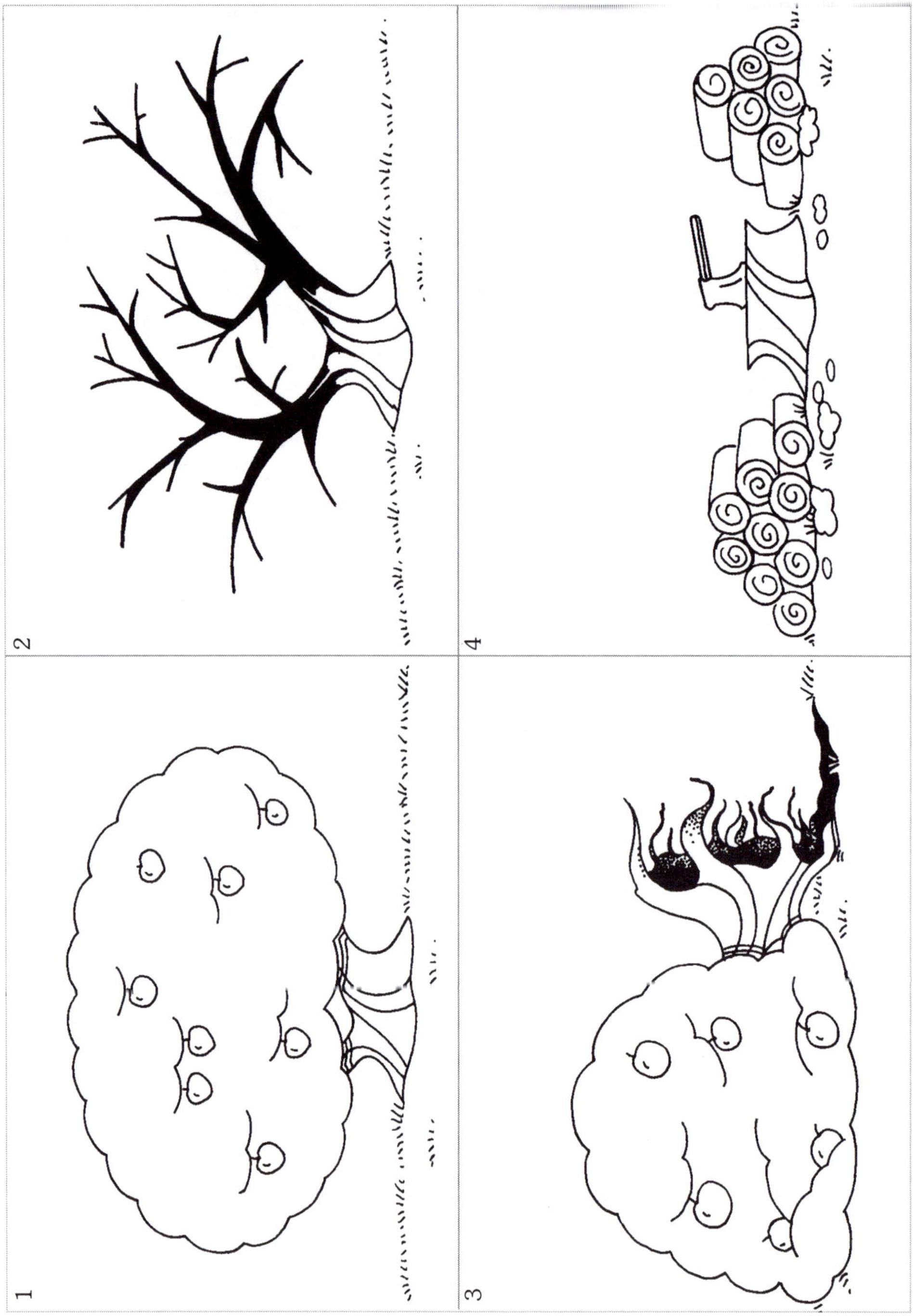

DOCUMENT **3**

DOCUMENT **4**

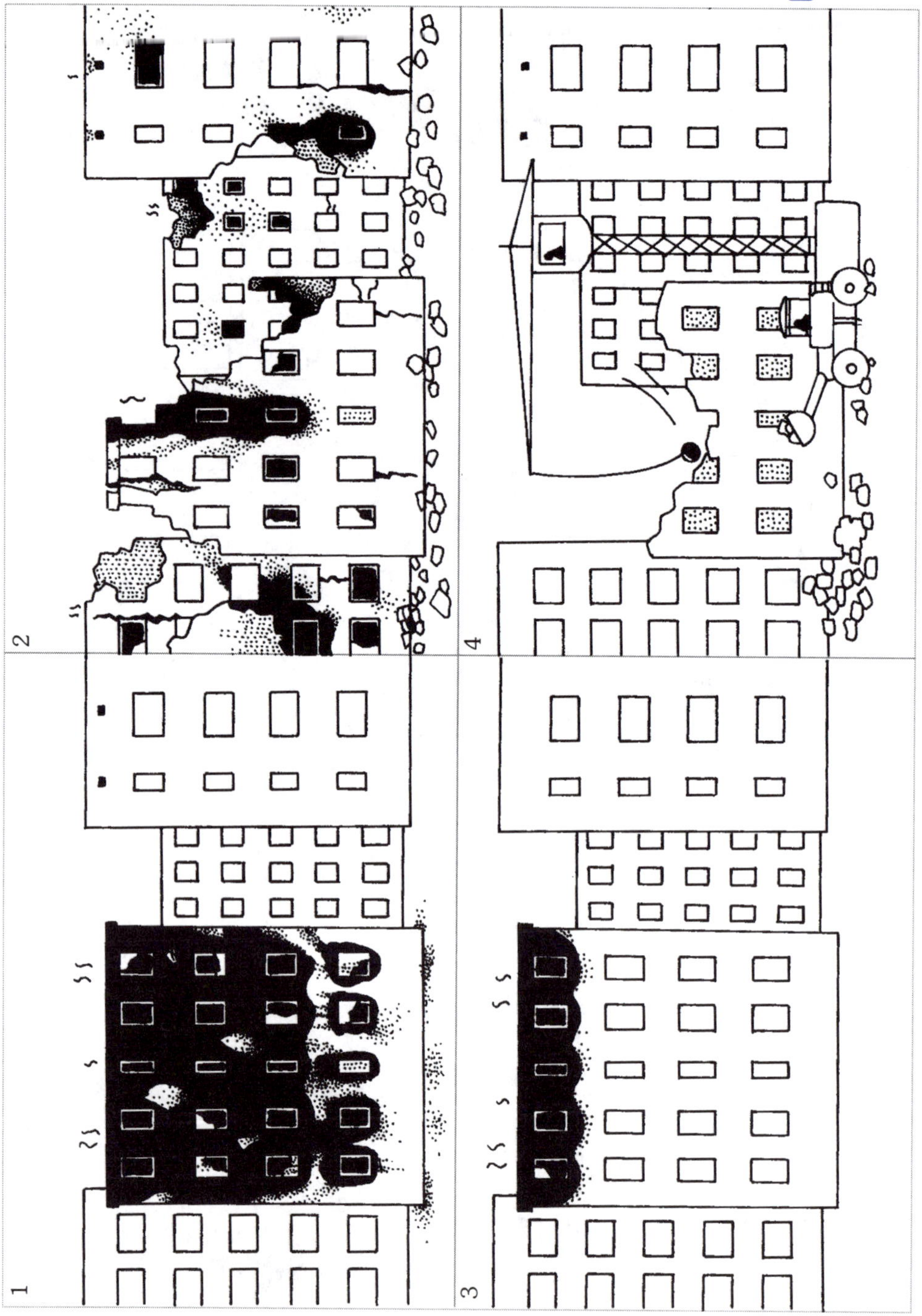

CHAPITRE 5

RACONTER ET DÉCOUVRIR

UN FAIT DIVERS

À partir d'un extrait d'article de presse

OBJECTIFS PÉDAGOGIQUES

Entraîner les élèves à :

- lire et comprendre une situation décrite par un court texte ;
- dégager les informations essentielles de ce texte ;
- imaginer une suite logique, basée sur les informations contenues dans le texte initial ;
- rédiger la suite du texte dans un style comparable ;
- lire le texte d'un camarade et identifier le texte initial correspondant.

1 Exercice collectif de présentation

Vous avez reproduit et distribué la série d'articles tronqués présentée sur le document 1 (série I).

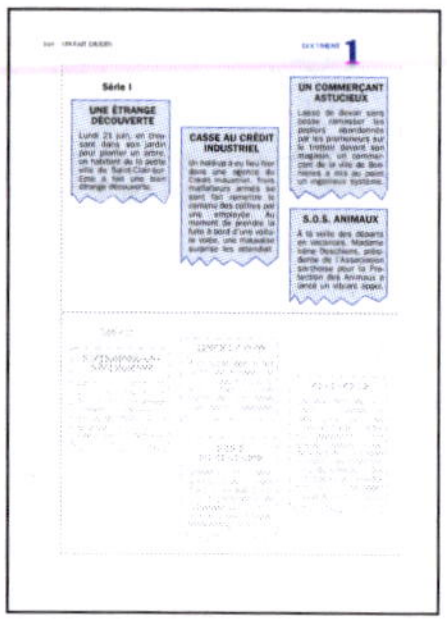

Doc 1, p. 160 (série I)

▸ *Observation commentée du document*

Les élèves lisent chaque début d'article silencieusement. Vous les interrogez ensuite sur la nature du document.
À quoi ces petits textes vous font-ils penser ? Pourquoi ? De quoi parlent-ils ? Que remarque-t-on ? (Les élèves auront probablement remarqué que ces articles sont incomplets.)
Vous expliquez alors le but de l'exercice : compléter les articles inachevés.
Suivant le niveau de vos élèves vous pouvez :
- choisir un article et en imaginer la suite à l'aide des propositions orales de la classe ;
- choisir un article et demander aux élèves de le terminer individuellement par écrit sur un cahier.

Les textes ainsi rédigés font l'objet d'une séance collective de lecture, au cours de laquelle ils seront commentés : intérêt, style, etc. On remarquera à cette occasion qu'un même début d'article peut donner lieu à des histoires différentes.

▸ *Travail écrit individuel*

Chaque élève doit disposer :
- d'un exemplaire du document 1 (série I) ;
- d'une feuille simple portant son nom.

Vous demandez aux élèves de compléter un ou plusieurs articles présentés sur le document 1 (série I).

▸ *Exploitation collective*

Il s'agit de montrer aux élèves la variété des possibilités offertes. (Celles-ci n'ont en effet pour limites que celles de l'imagination de vos élèves.) Pour cela, vous demandez à quelques élèves de lire l'histoire qu'ils ont écrite.
Les articles qui n'auront pas été lus à haute voix seront affichés dans la classe après correction.

2 Travail à deux

Le principe de l'activité précédente ayant été compris par tous, vous reproduisez et distribuez à chaque élève le document 1 (série II) et une feuille simple.

Chaque élève doit, suivant ses capacités :
- terminer par écrit un ou plusieurs articles de son choix, sans en recopier le début ;
- rédiger son texte en respectant le style du début de l'article ;
- utiliser plusieurs phrases ou paragraphes s'il le juge nécessaire.

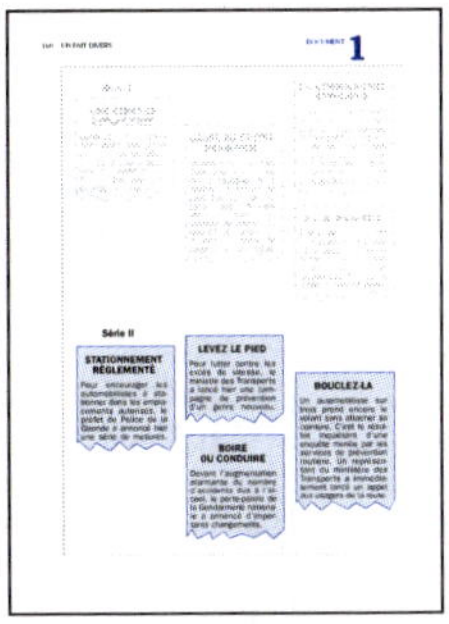

Série II

STATIONNEMENT RÉGLEMENTÉ

LEVEZ LE PIED

BOIRE OU CONDUIRE

BOUCLEZ-LA

Doc 1, p. 160 (série II)

Une fois les textes rédigés, les feuilles sont ramassées puis distribuées au hasard (voir *RP 5*).

Les élèves, devenus lecteurs, écrivent en bas de l'histoire le titre de l'article qui lui correspond. Les feuilles sont ensuite rendues aux auteurs pour vérification.

Une phase de remédiation (voir *RP 7*) permettra d'identifier et de corriger les erreurs :
- manque de rigueur dans la rédaction du texte ;
- lecture superficielle.

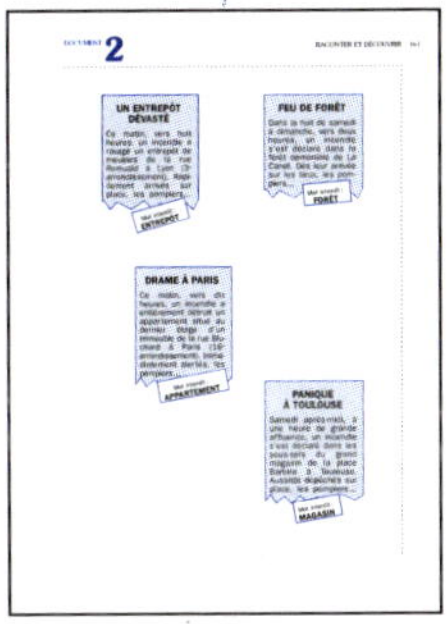

UN ENTREPÔT DÉVASTÉ

FEU DE FORÊT

DRAME À PARIS

PANIQUE À TOULOUSE

Doc 2, p. 161

Suivant les résultats obtenus, vous pourrez recommencer la séance avec les mêmes articles ou utiliser ceux du document 2, pour lesquels vous ajouterez une contrainte supplémentaire : le rédacteur n'a pas le droit d'employer dans son texte le mot situé en-dessous et qui signale qu'il est « interdit »…

DOCUMENT 1

Série I

UNE ÉTRANGE DÉCOUVERTE

Lundi 21 juin, en creusant dans son jardin pour planter un arbre, un habitant de la petite ville de Saint-Clair-sur-Epte a fait une bien étrange découverte.

CASSE AU CRÉDIT INDUSTRIEL

Un hold-up a eu lieu hier dans une agence du Crédit Industriel. Trois malfaiteurs armés se sont fait remettre le contenu des coffres par une employée. Au moment de prendre la fuite à bord d'une voiture volée, une mauvaise surprise les attendait.

UN COMMERÇANT ASTUCIEUX

Lassé de devoir sans cesse ramasser les papiers abandonnés par les promeneurs sur le trottoir devant son magasin, un commerçant de la ville de Bonnières a mis au point un ingénieux système.

S.O.S. ANIMAUX

À la veille des départs en vacances, Madame Irène Deschiens, présidente de l'Association sarthoise pour la Protection des Animaux a lancé un vibrant appel.

Série II

STATIONNEMENT RÉGLEMENTÉ

Pour encourager les automobilistes à stationner dans les emplacements autorisés, le préfet de Police de la Gironde a annoncé hier une série de mesures.

LEVEZ LE PIED

Pour lutter contre les excès de vitesse, le ministre des Transports a lancé hier une campagne de prévention d'un genre nouveau.

BOIRE OU CONDUIRE

Devant l'augmentation alarmante du nombre d'accidents dus à l'alcool, le porte-parole de la Gendarmerie nationale a annoncé d'importants changements.

BOUCLEZ-LA

Un automobiliste sur trois prend encore le volant sans attacher sa ceinture. C'est le résultat inquiétant d'une enquête menée par les services de prévention routière. Un représentant du ministère des Transports a immédiatement lancé un appel aux usagers de la route.

UN ENTREPÔT DÉVASTÉ

Ce matin, vers huit heures, un incendie a ravagé un entrepôt de meubles de la rue Romuald à Lyon (3e arrondissement). Rapidement arrivés sur place, les pompiers...

Mot interdit : **ENTREPÔT**

FEU DE FORÊT

Dans la nuit de samedi à dimanche, vers deux heures, un incendie s'est déclaré dans la forêt domaniale de La Canot. Dès leur arrivée sur les lieux, les pompiers...

Mot interdit : **FORÊT**

DRAME À PARIS

Ce matin, vers dix heures, un incendie a entièrement détruit un appartement situé au dernier étage d'un immeuble de la rue Bluchard à Paris (16e arrondissement). Immédiatement alertés, les pompiers...

Mot interdit : **APPARTEMENT**

PANIQUE À TOULOUSE

Samedi après-midi, à une heure de grande affluence, un incendie s'est déclaré dans les sous-sols du grand magasin de la place Barbira à Toulouse. Aussitôt dépêchés sur place, les pompiers...

Mot interdit : **MAGASIN**

CHAPITRE 6

RACONTER ET DÉCOUVRIR

UNE HISTOIRE (2)

À partir d'une amorce et/ou d'une fin écrites

OBJECTIFS PÉDAGOGIQUES

Entraîner les élèves à :

- lire et comprendre une situation décrite par un court texte ;
- dégager les informations essentielles de ce texte ;
- imaginer une suite logique, basée sur les informations contenues dans le texte initial ;
- rédiger la suite du texte dans un style comparable ;
- lire le texte d'un camarade et identifier le texte initial correspondant.

1 Présentation collective à la classe

1

Amorce 1
Le soleil se leva lentement sur la banquise. Le gris du ciel vira au rouge cendré, puis au bleu, et les premières ombres s'allongèrent derrière les blocs de glace immaculés.

Amorce 2
Il était six heures et, du boulevard surchargé d'automobiles brûlantes, montait une lourde fumée grise qui s'étendait jusque dans les rues avoisinantes.

Amorce 3
La jungle tout entière semblait vivante. De la plus petite feuille à la plus longue liane, de l'insecte minuscule au puissant alligator, toutes ces respirations s'alliaient dans le bruissement frénétique de la vie.

Amorce 4
Dès le chant du coq, le soleil avait surgi derrière le petit bois qui bordait les étendues cultivées. Bientôt, le va-et-vient des tracteurs et des engins agricoles reprendrait dans les champs, où la moisson était déjà bien avancée.

Fin 1
Le soleil disparut derrière l'horizon et le désert retrouva la tranquillité apparente des endroits obscurs. Le vent en profita pour effacer les dernières traces et tout redevint comme avant.

Fin 2
Lorsque la tempête s'apaisa, le calme revint à la surface de la mer. Seules quelques crêtes d'écume témoignaient encore de la violence des vents qui avaient déchaîné les flots.

Fin 3
Une fois de plus, la montagne allait garder son secret. Seul son glacier apporterait peut-être, bien des années plus tard, quelques indices aux hommes de la vallée.

Fin 4
Bientôt, l'avion ne fut plus qu'un petit point d'argent qui scintillait à l'horizon. Puis il disparut dans le ciel qui s'assombrissait. À ce moment, comme si elles avaient attendu ce signal, les lumières de la ville s'allumèrent.

Doc 1, p. 165

Suivant le niveau de votre classe, vous pourrez demander à vos élèves de rédiger une histoire à partir :

- uniquement d'un début, choisi parmi ceux qui leur sont proposés sur le document 1 ;
- uniquement d'une fin, choisie parmi celles qui leur sont proposées sur le même document ;
- d'un début et d'une fin, choisis parmi ceux qui leur sont proposés.

Vous avez distribué à vos élèves la ou les pages correspondant à votre objectif de travail. Après une phase collective de lecture, vous expliquez les règles du jeu.

Chaque élève doit :

- choisir un début, une fin ou les deux à la fois (suivant l'option que vous aurez retenue) ;
- rédiger une histoire dans laquelle l'extrait fourni (début et/ou fin) sera remplacé par un cadre vide (ou deux) ;
- s'assurer qu'un lecteur sera capable d'identifier l'extrait (début et/ou fin) devant figurer dans les cadres vides.

2 Travail écrit

Vous demandez aux enfants de rédiger sur une feuille libre l'histoire qu'ils ont imaginée.

Les textes ainsi produits sont ramassés et distribués au hasard (voir *RP 5*).

Les élèves, devenus lecteurs, doivent indiquer en regard de chaque croix, le numéro de l'extrait correspondant.

Les feuilles sont ensuite rendues aux rédacteurs pour vérification.

3 Exploitation des textes produits

Les textes produits pourront être lus à voix haute (avec les extraits amorces ou finaux) devant la classe, à raison de trois ou quatre par séance. On commentera les mérites respectifs des versions ainsi entendues en accordant une importance particulière à la qualité des transitions entre les extraits fournis et le déroulement de l'histoire.

Les remarques faites permettront à certains élèves d'améliorer leur texte. Lorsque ces modifications de fond auront été apportées, vous pourrez, suivant le niveau de votre classe et vos principes pédagogiques :

- faire corriger les textes par leurs auteurs après avoir indiqué vous-même les fautes commises (orthographe lexicale et grammaticale) ;
- grouper les élèves par deux et leur faire corriger ensemble les fautes de leurs textes – il vous appartiendra de contrôler, par la suite, les résultats de cette correction ;
- adopter un système de correction à partir de la technique de votre choix.

Les textes corrigés, recopiés et éventuellement illustrés pourront être alors affichés ou regroupés dans un recueil de la façon suivante :

- textes écrits à partir de la même amorce ;
- textes aboutissant à la même fin ;
- textes présentant une amorce et une fin communes.

Le principe de cette activité ayant été compris de tous, vous pouvez renouveler l'exercice à partir des documents 2 et 3.

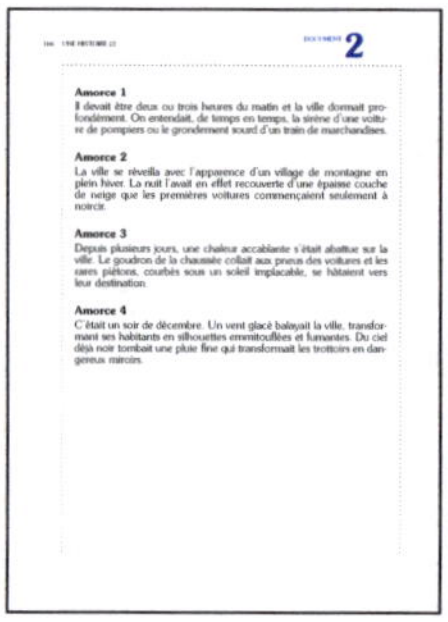

DOCUMENT 2

Amorce 1
Il devait être deux ou trois heures du matin et la ville dormait profondément. On entendait, de temps en temps, la sirène d'une voiture de pompiers ou le grondement sourd d'un train de marchandises.

Amorce 2
La ville se réveilla avec l'apparence d'un village de montagne en plein hiver. La nuit l'avait en effet recouverte d'une épaisse couche de neige que les premières voitures commençaient seulement à noircir.

Amorce 3
Depuis plusieurs jours, une chaleur accablante s'était abattue sur la ville. Le goudron de la chaussée collait aux pneus des voitures et les rares piétons, courbés sous un soleil implacable, se hâtaient vers leur destination.

Amorce 4
C'était un soir de décembre. Un vent glacé balayait la ville, transformant ses habitants en silhouettes emmitouflées et fumantes. Du ciel déjà noir tombait une pluie fine qui transformait les trottoirs en dangereux miroirs.

Doc 2, p.166

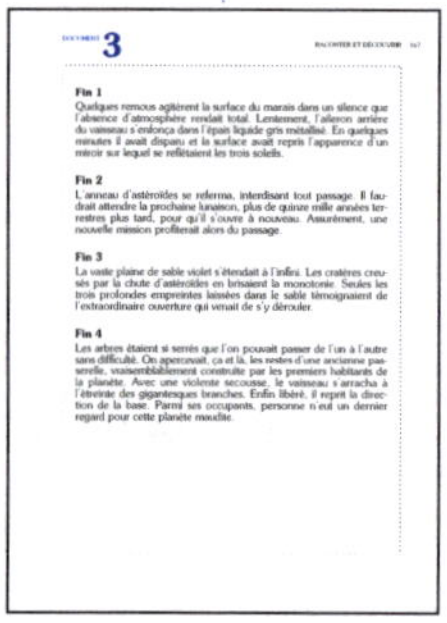

DOCUMENT 3

RACONTER ET DÉCOUVRIR 167

Fin 1
Quelques remous agitèrent la surface du marais dans un silence que l'absence d'atmosphère rendait total. Lentement, l'aileron arrière du vaisseau s'enfonça dans l'épais liquide gris métallisé. En quelques minutes il avait disparu et la surface avait repris l'apparence d'un miroir sur lequel se reflétaient les trois soleils.

Fin 2
L'anneau d'astéroïdes se referma, interdisant tout passage. Il faudrait attendre la prochaine lunaison, plus de quinze mille années terrestres plus tard, pour qu'il s'ouvre à nouveau. Assurément, une nouvelle mission profiterait alors du passage.

Fin 3
La vaste plaine de sable violet s'étendait à l'infini. Les cratères creusés par la chute d'astéroïdes en brisaient la monotonie. Seules les trois profondes empreintes laissées dans le sable témoignaient de l'extraordinaire ouverture qui venait de s'y dérouler.

Fin 4
Les arbres étaient si serrés que l'on pouvait passer de l'un à l'autre sans difficulté. On apercevait, çà et là, les restes d'une ancienne passerelle, vraisemblablement construite par les premiers habitants de la planète. Avec une violente secousse, le vaisseau s'arracha à l'étreinte des gigantesques branches. Enfin libéré, il reprit la direction de la base. Parmi ses occupants, personne n'eut un dernier regard pour cette planète maudite.

Doc 3, p. 167

Amorce 1

Le soleil se leva lentement sur la banquise. Le gris du ciel vira au rouge cendré, puis au bleu, et les premières ombres s'allongèrent derrière les blocs de glace immaculés.

Amorce 2

Il était six heures et, du boulevard surchargé d'automobiles brûlantes, montait une lourde fumée grise qui s'étendait jusque dans les rues avoisinantes.

Amorce 3

La jungle tout entière semblait vivante. De la plus petite feuille à la plus longue liane, de l'insecte minuscule au puissant alligator, toutes ces respirations s'alliaient dans le bruissement frénétique de la vie.

Amorce 4

Dès le chant du coq, le soleil avait surgi derrière le petit bois qui bordait les étendues cultivées. Bientôt, le va-et-vient des tracteurs et des engins agricoles reprendrait dans les champs, où la moisson était déjà bien avancée.

Fin 1

Le soleil disparut derrière l'horizon et le désert retrouva la tranquillité apparente des endroits obscurs. Le vent en profita pour effacer les dernières traces et tout redevint comme avant.

Fin 2

Lorsque la tempête s'apaisa, le calme revint à la surface de la mer. Seules quelques crêtes d'écume témoignaient encore de la violence des vents qui avaient déchaîné les flots.

Fin 3

Une fois de plus, la montagne allait garder son secret. Seul son glacier apporterait peut-être, bien des années plus tard, quelques indices aux hommes de la vallée.

Fin 4

Bientôt, l'avion ne fut plus qu'un petit point d'argent qui scintillait à l'horizon. Puis il disparut dans le ciel qui s'assombrissait. À ce moment, comme si elles avaient attendu ce signal, les lumières de la ville s'allumèrent.

DOCUMENT **2**

Amorce 1

Il devait être deux ou trois heures du matin et la ville dormait profondément. On entendait, de temps en temps, la sirène d'une voiture de pompiers ou le grondement sourd d'un train de marchandises.

Amorce 2

La ville se réveilla avec l'apparence d'un village de montagne en plein hiver. La nuit l'avait en effet recouverte d'une épaisse couche de neige que les premières voitures commençaient seulement à noircir.

Amorce 3

Depuis plusieurs jours, une chaleur accablante s'était abattue sur la ville. Le goudron de la chaussée collait aux pneus des voitures et les rares piétons, courbés sous un soleil implacable, se hâtaient vers leur destination.

Amorce 4

C'était un soir de décembre. Un vent glacé balayait la ville, transformant ses habitants en silhouettes emmitouflées et fumantes. Du ciel déjà noir tombait une pluie fine qui transformait les trottoirs en dangereux miroirs.

Fin 1

Quelques remous agitèrent la surface du marais dans un silence que l'absence d'atmosphère rendait total. Lentement, l'aileron arrière du vaisseau s'enfonça dans l'épais liquide gris métallisé. En quelques minutes il avait disparu et la surface avait repris l'apparence d'un miroir sur lequel se reflétaient les trois soleils.

Fin 2

L'anneau d'astéroïdes se referma, interdisant tout passage. Il faudrait attendre la prochaine lunaison, plus de quinze mille années terrestres plus tard, pour qu'il s'ouvre à nouveau. Assurément, une nouvelle mission profiterait alors du passage.

Fin 3

La vaste plaine de sable violet s'étendait à l'infini. Les cratères creusés par la chute d'astéroïdes en brisaient la monotonie. Seules les trois profondes empreintes laissées dans le sable témoignaient de l'extraordinaire aventure qui venait de s'y dérouler.

Fin 4

Les arbres étaient si serrés que l'on pouvait passer de l'un à l'autre sans difficulté. On apercevait, çà et là, les restes d'une ancienne passerelle, vraisemblablement construite par les premiers habitants de la planète. Avec une violente secousse, le vaisseau s'arracha à l'étreinte des gigantesques branches. Enfin libéré, il reprit la direction de la base. Parmi ses occupants, personne n'eut un dernier regard pour cette planète maudite.

CHAPITRE 7

RACONTER ET DÉCOUVRIR

UN PETIT SCÉNARIO

OBJECTIFS PÉDAGOGIQUES

Entraîner les élèves à :

- imaginer les étapes successives d'une petite histoire mettant en scène plusieurs personnages ;
- consigner par écrit, de la façon la plus complète possible, les descriptions et déplacements des personnages impliqués ;
- imaginer et transcrire un dialogue permettant d'animer la scène décrite ;
- lire le scénario produit par un camarade et en retenir les informations nécessaires à la direction des acteurs ;
- communiquer oralement à des camarades les directives permettant de jouer une scène.

1 Exercice collectif de présentation

DOCUMENT 1

RACONTER ET DÉCOUVRIR 171

Scène de ménage

La scène représente une salle à manger avec une table et deux chaises disposées l'une en face de l'autre. Une femme arrive par la gauche et s'assied sur la chaise qui se trouve de son côté.

LA FEMME, *criant vers la droite de la scène.*
– Chéri ! Le dîner est prêt !

LE MARI. *Il entre par la droite en se frottant les mains et s'assied en face de sa femme.*
– Ah ! J'ai une faim de loup ! Qu'est-ce qu'on mange ce soir ?

LA FEMME, *ironique.*
– Du mouton !

LE MARI, *étonné.*
– Encore ? Mais nous en avons déjà mangé hier !

LA FEMME, *ironique.*
– Oui, hier et avant-hier. Et nous en mangerons encore demain !

LE MARI, *bougon.*
– Quand même, tu pourrais changer un peu de temps en temps !

LA FEMME, *sèchement.*
– Mais mon chéri, si tu conduisais mieux, tu n'aurais pas écrasé cette pauvre bête et nous ne serions pas obligés d'en manger tous les jours !

LE MARI, *l'air ahuri, tourné vers le public.*
– Eh ben dis donc ! Heureusement que je n'ai pas écrasé un hippopotame !

RIDEAU

Doc 1, p. 171

Vous distribuez à chaque élève le scénario présenté sur le document 1.

Après une lecture collective, vous demandez à un volontaire de venir au tableau. Il sera le metteur en scène.

Son rôle va consister à :

- choisir deux acteurs dans la classe ;
- diriger oralement ces acteurs pour leur faire jouer la scène, en respectant les indications scéniques portées sur le document 1.

Le public est appelé à suivre la « représentation » en silence, tout en vérifiant que le travail du metteur en scène et des acteurs est conforme au scénario écrit. On s'attardera sur le luxe de détails scéniques (mimiques, intonations, gestes, etc.) apportés par le scénario.

Cette première représentation terminée, vous annoncez aux élèves qu'ils vont devoir maintenant accomplir le travail du scénariste.

2 Travail écrit individuel

172 UN PETIT SCÉNARIO

DOCUMENT 2

Chien méchant perdu
(deux personnages)

Deux personnages se rencontrent dans la rue. Le personnage A demande à B s'il n'a pas vu son chien. Il le lui décrit. B demande beaucoup de précisions.
Au fur et à mesure de la description, B reconnaît le chien qui vient de le mordre. Il veut se venger et poursuit A qui s'enfuit en courant.

Mauvaise adresse
(deux personnages)

Un personnage A entre dans une boutique tenue par un personnage B. Il rapporte un objet qu'il a acheté et qui ne lui donne pas satisfaction.
Aimable, le personnage B essaie de faire fonctionner l'objet.
Comme il n'y arrive pas, A demande à être remboursé.
B met A dehors car il ne vend pas du tout ce genre d'objets. Le personnage A s'est trompé de magasin.

Injustice
(trois personnages)

Deux personnages A et B sont dans un jardin public. A cueille un bouquet de fleurs et l'offre à B, puis il part en courant. Alors que B s'étonne, le gardien du jardin arrive et dispute B parce qu'il est interdit de cueillir des fleurs.

Pêche à l'amende
(trois personnages)

Deux pêcheurs A et B sont au bord d'une rivière.
Le personnage B attrape beaucoup de poissons grâce à une formule magique. Le personnage A essaie de l'imiter mais sans succès.
B prête sa canne à A.
Soudain, le garde-pêche arrive. Il verbalise A car il est interdit de pêcher avec deux cannes. Lorsque A proteste, B affirme que la seconde canne n'est pas à lui. Le garde-pêche emmène alors A.
Une fois seul, B commence à pêcher avec les deux cannes. Grâce à sa formule magique, il attrape deux poissons à la fois.

Doc 2, p. 172

Chaque élève dispose :

- d'un exemplaire du document 2 ;
- d'une feuille simple portant son nom.

Il doit :

- choisir un synopsis parmi ceux qui lui sont proposés ;
- l'adapter et le développer librement en une saynète complète ;
- rédiger le scénario correspondant à cette saynète, en y apportant toutes les indications scéniques nécessaires à l'intention du metteur en scène.

Lorsque les scénarios sont rédigés, vous les ramassez pour évaluer :

- leur « faisabilité » ;
- leur qualité (orthographe, grammaire, richesse du vocabulaire, usage des adjectifs et adverbes, etc.).

3 Exploitation des textes

Vous avez choisi parmi les scénarios produits :
- un exemple de scénario «réalisable» ;
- un exemple de scénario «perfectible» (son auteur, moyen ou bon élève, n'a visiblement pas donné le meilleur de lui-même et ne considèrera pas la critique comme «une nouvelle situation d'échec»).

Comme lors de la présentation collective à la classe, ces scénarios vont permettre à deux metteurs en scène volontaires de diriger les acteurs de leur choix.

Le public assistera en silence à ces représentations en notant les défauts ou insuffisances constatés (manque de mimiques, de gestes, désordres dans les positions, etc.).

Les autres scénarios seront exploités en ateliers. Ces ateliers deviendront autant de répétitions destinées à améliorer les scénarios en vue d'une représentation devant la classe.

Pour éviter les conflits éventuels, nous vous conseillons de procéder comme suit :

1. Le metteur en scène fait jouer la saynète aux acteurs en respectant scrupuleusement le scénario. Il en profite pour noter les défauts ou insuffisances qu'il aura constatés ou qui lui auront été signalés par les acteurs.
2. Le metteur en scène et le scénariste travaillent ensemble (sans les acteurs) à l'amélioration du scénario.
3. Le metteur en scène dirige une nouvelle répétition qui peut éventuellement mettre en évidence la nécessité de nouvelles modifications.

Lorsque l'équipe complète (scénariste, metteur en scène et acteurs) est satisfaite du résultat obtenu, la saynète est jouée devant la classe.

Vous pourrez poursuivre cette activité avec le document 3.

Par la suite, vos élèves pourront adapter au théâtre des histoires drôles de leur choix.

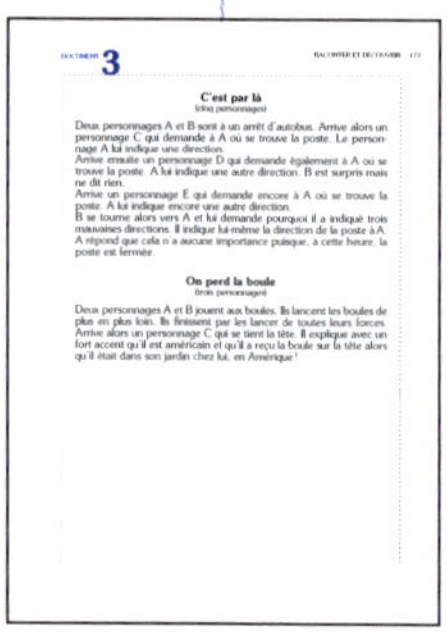
DOCUMENT 3

C'est par là
(cinq personnages)

Deux personnages A et B sont à un arrêt d'autobus. Arrive alors un personnage C qui demande à A où se trouve la poste. Le personnage A lui indique une direction.
Arrive ensuite un personnage D qui demande également à A où se trouve la poste. A lui indique une autre direction. B est surpris mais ne dit rien.
Arrive un personnage E qui demande encore à A où se trouve la poste. A lui indique encore une autre direction.
B se tourne alors vers A et lui demande pourquoi il a indiqué trois mauvaises directions. Il indique lui-même la direction de la poste à A.
A répond que cela n'a aucune importance puisque, à cette heure, la poste est fermée.

On perd la boule
(trois personnages)

Deux personnages A et B jouent aux boules. Ils lancent les boules de plus en plus loin. Ils finissent par les lancer de toutes leurs forces. Arrive alors un personnage C qui se tient la tête. Il explique avec un fort accent qu'il est américain et qu'il a reçu la boule sur la tête alors qu'il était dans son jardin chez lui, en Amérique !

Doc 3, p. 173

Scène de ménage

La scène représente une salle à manger avec une table et deux chaises disposées l'une en face de l'autre. Une femme arrive par la gauche et s'assied sur la chaise qui se trouve de son côté.

LA FEMME, *criant vers la droite de la scène.*
– Chéri ! Le dîner est prêt !

LE MARI. *Il entre par la droite en se frottant les mains et s'assied en face de sa femme.*
– Ah ! J'ai une faim de loup ! Qu'est-ce qu'on mange ce soir ?

LA FEMME, *ironique.*
– Du mouton !

LE MARI, *étonné.*
– Encore ? Mais nous en avons déjà mangé hier !

LA FEMME, *ironique.*
– Oui, hier et avant-hier. Et nous en mangerons encore demain !

LE MARI, *bougon.*
– Quand même, tu pourrais changer un peu de temps en temps !

LA FEMME, *sèchement.*
– Mais mon chéri, si tu conduisais mieux, tu n'aurais pas écrasé cette pauvre bête et nous ne serions pas obligés d'en manger tous les jours !

LE MARI, *l'air ahuri, tourné vers le public.*
– Eh ben dis donc ! Heureusement que je n'ai pas écrasé un hippopotame !

RIDEAU

DOCUMENT **2**

Chien méchant perdu
(deux personnages)

Deux personnages se rencontrent dans la rue. Le personnage A demande à B s'il n'a pas vu son chien. Il le lui décrit. B demande beaucoup de précisions.
Au fur et à mesure de la description, B reconnaît le chien qui vient de le mordre. Il veut se venger et poursuit A qui s'enfuit en courant.

Mauvaise adresse
(deux personnages)

Un personnage A entre dans une boutique tenue par un personnage B. Il rapporte un objet qu'il a acheté et qui ne lui donne pas satisfaction.
Aimable, le personnage B essaie de faire fonctionner l'objet.
Comme il n'y arrive pas, A demande à être remboursé.
B met A dehors car il ne vend pas du tout ce genre d'objets. Le personnage A s'est trompé de magasin.

Injustice
(trois personnages)

Deux personnages A et B sont dans un jardin public. A cueille un bouquet de fleurs et l'offre à B, puis il part en courant. Alors que B s'étonne, le gardien du jardin arrive et dispute B parce qu'il est interdit de cueillir des fleurs.

Pêche à l'amende
(trois personnages)

Deux pêcheurs A et B sont au bord d'une rivière.
Le personnage B attrape beaucoup de poissons grâce à une formule magique. Le personnage A essaie de l'imiter mais sans succès.
B prête sa canne à A.
Soudain, le garde-pêche arrive. Il verbalise A car il est interdit de pêcher avec deux cannes. Lorsque A proteste, B affirme que la seconde canne n'est pas à lui. Le garde-pêche emmène alors A.
Une fois seul, B commence à pêcher avec les deux cannes. Grâce à sa formule magique, il attrape deux poissons à la fois.

C'est par là

(cinq personnages)

Deux personnages A et B sont à un arrêt d'autobus. Arrive alors un personnage C qui demande à A où se trouve la poste. Le personnage A lui indique une direction.
Arrive ensuite un personnage D qui demande également à A où se trouve la poste. A lui indique une autre direction. B est surpris mais ne dit rien.
Arrive un personnage E qui demande encore à A où se trouve la poste. A lui indique encore une autre direction.
B se tourne alors vers A et lui demande pourquoi il a indiqué trois mauvaises directions. Il indique lui-même la direction de la poste à A.
A répond que cela n'a aucune importance puisque, à cette heure, la poste est fermée.

On perd la boule

(trois personnages)

Deux personnages A et B jouent aux boules. Ils lancent les boules de plus en plus loin. Ils finissent par les lancer de toutes leurs forces. Arrive alors un personnage C qui se tient la tête. Il explique avec un fort accent qu'il est américain et qu'il a reçu la boule sur la tête alors qu'il était dans son jardin chez lui, en Amérique !

RP

REMARQUES PÉDAGOGIQUES

RP 1

Cette activité prévoit un déroulement en trois étapes :

1. Exercice collectif de présentation.
2. Travail en binômes à partir de compositions proposées.
3. Travail en binômes à partir de compositions personnelles.

L'enseignant jugera de la nécessité de multiplier le nombre de séances, pour chacune de ces étapes, suivant les résultats obtenus.

Chaque tableau propose suffisamment de compositions pour ne pas travailler deux fois sur la même.

Les niveaux de ces trois tableaux permettent également d'accroître le degré de difficulté de l'activité et d'enrichir les textes descriptifs à produire.

RP 2

Descriptions acceptables

En ce qui concerne la forme des descriptions, nous considérons comme acceptables toutes celles qui auront permis objectivement une bonne transmission des informations (nous acceptons donc un style télégraphique, un texte avec des fautes, etc.). Nous viserons, au cours des activités ultérieures, à diversifier et à enrichir les différents modes de description tout en en maîtrisant la grammaire et l'orthographe.

RP 3

La lecture des textes produits vous permettra par exemple de :

1. Constituer un affichage des principaux termes utilisés durant la séance (un classement par nature – prépositions et locutions prépositionnelles, noms, verbes, etc. – pourra être retenu).

Cet affichage, de type évolutif, s'enrichira au fil des séances. Les autres activités de la classe (géométrie, géographie, etc.) seront autant d'occasions de le compléter.

2. Proposer aux élèves d'ouvrir un carnet de mots qui reprendra les objectifs de l'affichage décrit plus haut.

RP 4

Le relevé «réussites/échecs» peut être affiché dans la classe et prendre la forme suivante :

	30-05-2000	13-06-2000	......
Réussites :	12	15	....
Échecs :	14	11	....

RP 5

Formation des binômes :

Suivant vos pratiques de classe et votre connaissance des individus, vous pourrez :

- associer deux élèves d'un niveau équivalent ;
- associer deux élèves de niveaux différents.

RP

Ces rencontres pourront avoir des effets enrichissants pour chacun mais nécessiteront sans doute une attention plus soutenue de votre part.

RP 6

Confrontation « rédacteur/lecteur »

Organisation :

L'organisation de cette confrontation est délicate. Il faut en effet réunir les enfants deux par deux et les laisser s'exprimer librement. Il peut en résulter des problèmes de place, de bruit, etc.

Vous pourrez installer une table dans un coin de la classe. Chaque binôme « rédacteur/lecteur » s'y retrouvera tour à tour, au moment que vous jugerez opportun.

Intérêt :

Les élèves, amenés à lire les écrits de leurs camarades, seront enclins à les considérer avec d'autant plus de respect qu'ils sont eux-mêmes auteurs d'un texte en train d'être lu. Ils n'en seront que davantage disposés à entendre et à exploiter les critiques qui leur seront faites, de surcroît par un camarade.

La confrontation doit être un moment d'échanges enrichissants. Vous interviendrez pour en tempérer l'atmosphère (en cas de besoin) mais surtout pour en relancer l'intérêt. Vous n'hésiterez pas, à cette occasion, à reformuler les remarques concernant les règles de l'expression écrite ou orale.

Cette phase de travail doit se terminer par une activité commune de réécriture permettant d'obtenir un texte sur lequel les deux élèves s'entendent.

RP 7

Contrôle de conformité et remédiation

Suivant votre effectif et vos pratiques de classe, vous pourrez :

1. Organiser une confrontation rédacteur/lecteur : les deux élèves se retrouvent côte à côte, plus ou moins isolés du reste de la classe (voir *RP6*). Ils relisent ensemble le texte et cherchent à identifier les causes de l'« échec ».

Celles-ci peuvent provenir :
- de la rédaction du texte (manque d'information, texte confus, écriture peu lisible...) ;
- de la lecture du texte et de son interprétation ;
- de la rédaction et de la lecture du texte.

Une fois les causes de l'« échec » identifiées, le texte est récrit par les deux élèves qui tiennent compte des défauts mis en évidence.

2. Faire lire à haute voix un texte et réaliser vous-même au tableau le dessin (en profitant volontairement du manque de telle ou telle information pour réaliser un dessin ne correspondant pas au modèle). Ce dessin correspond-il au modèle choisi ? Quelles informations sont absentes dans le texte produit ?

3. Recopier au tableau un texte particulièrement insuffisant. Faire la liste des informations manquantes, puis récrire collectivement le texte en l'enrichissant de ces informations.

Dans tous les cas, ce travail doit entraîner les élèves à :
- sélectionner les informations indispensables et les intégrer dans une grille de relecture (quand cela est possible) ;
- présenter ces informations dans un texte cohérent et lisible ;
- utiliser la grille de relecture pour vérifier la pertinence du texte ;
- lire un texte en repérant les informations essentielles.

Achevé d'imprimer sur les presses de l'Imprimerie France Quercy à Cahors.
N° d'imprimeur : 00895 FF
N° d'éditeur : 777
N° de projet : 10076527 - (II) - (4,5) - OSBN 90° - Mai 2000

Conception, réalisation : Studio Primart
Illustrations : Anne Maisse,
Anna Cajal (pour les pages d'ouverture de chapitres)
Corrections : Valérie Blondel